Cybermobbing – Cybergrooming – Sexting

Evaluation des Präventionsprojekts Law4school

ISSN 1610-7500
ISBN 978-3-86676-845-1

Rita Bley & Johannes Fischbach

Cybermobbing – Cybergrooming – Sexting

Evaluation des Präventionsprojekts Law4school

Schriftenreihe Polizei & Wissenschaft

ISSN 1610-7500
ISBN 978-3-86676-845-1

Verlag für Polizeiwissenschaft
Prof. Dr. Clemens Lorei

Bibliografische Information der Deutschen Nationalbibliothek
Die Deutsche Nationalbibliothek verzeichnet diese Publikation in der Deutschen Nationalbibliografie; detaillierte bibliografische Daten sind im Internet über http://dnb.d-nb.de abrufbar.

Verlag für Polizeiwissenschaft, Prof. Dr. Clemens Lorei
Eschersheimer Landstraße 508 • 60433 Frankfurt
Telefon/Telefax 0 69/51 37 54 • verlag@polizeiwissenschaft.de
www.polizeiwissenschaft.de

Printed in Germany

Inhaltsverzeichnis

Abbildungsverzeichnis

Tabellenverzeichnis

1 Einführung

Die Digitalisierung und besonders das Internet sowie sämtliche soziale Medien sind aus der heutigen Zeit nicht mehr wegzudenken. Sowohl im privaten Lebensumfeld als auch im Schulkontext kann durch die sich stetig ausweitende Nutzung mobiler Geräte von nahezu überall auf der Welt kommuniziert und auf persönliche oder Schulinhalte zugegriffen werden.[1] Spätestens im Teenageralter ist das Smartphone nicht mehr wegzudenken.[2] Kinder und Jugendliche greifen vermehrt auf digitale Angebote zurück, wodurch die Gefahr, Opfer von Cybercrime, also einer Straftat unter Nutzung des Internets[3], zu werden, ansteigt. Hier setzt das Präventionsprojekt Law4school an, um Schüler*innen aufzuklären, zu sensibilisieren und so für den selbstbewussten Umgang mit Straftaten im Internet zu befähigen.[4]

Die Studienreihe JIM zeigt in den letzten 25 Jahren einen starken Wandel im Medienalltag von Jugendlichen. Sowohl technische Veränderungen als auch gesellschaftliche Ereignisse haben Einfluss auf die Mediennutzung der Zwölf- bis 19-Jährigen. Auch zukünftig werden Medien zahlreiche Chancen und neue Herausforderungen

---

[1] Vgl. Bundesministerium für Familie, Senioren, Frauen und Jugend (2016): Digitalisierung Chancen und Herausforderungen für die partnerschaftliche Vereinbarkeit von Familie und Beruf. S. 3.

[2] Vgl. Peter, I.-K. et al. (2018): Cybermobbing im Kindes- und Jugendalter. Göttingen. Hogrefe Verlag. S. 55.

[3] Vgl. Keller, C. et al. (2020): Cybercrime. Enthalten in: Clages, H. et al.: Lehr- und Studienbriefe Kriminalistik/Kriminologie. Band 26. Hilden. Verlag Deutsche Polizeiliteratur. S. 4.

[4] Vgl. Law4school (2021): Wir lassen Sie im Kampf gegen Cybermobbing nicht alleine! https://www.law4school.de/

mit sich bringen und die Förderung eines kompetenten und bewussten Umgangs ist und wird sehr wichtig sein. Jedes dritte Mädchen und jeder vierte Junge wurden 2023 im Netz schon einmal sexuell belästigt. 23 % wurden im letzten Monat vor der Befragung ungewollt mit pornografischen Inhalten konfrontiert. Hier sollen mit Hilfe des Präventionsprojekts Law4School Straftaten im Internet, explizit Cybermobbing, Cybergrooming und Sexting, verhindert werden.

Das Projekt „Evaluation des Präventionsangebots Law4school - Prüfung einer wissensbasierten Intervention gegen Cybermobbing für Kinder und Jugendliche ab der 5. Klasse“ entwickelte sich aus Bestrebungen des Landespräventionsrats M-V und des Vereins Prävention 2.0. Hintergrund des Vorhabens ist es, dass neue Informations- und Kommunikationstechnologien Kindern und Jugendlichen zwar viele Vorteile bieten, denn sie erlauben einen unbegrenzten Zugang zu allen Arten von Informationen und fördern die Interaktion ortsungebunden und zu jeder Zeit. Allerdings ermöglichen diese Technologien auch neue Formen der Gewalt, wie beispielsweise das Cybermobbing.

Um dem zu begegnen, unterstützt seit 2013 das Webinar Law4school Kinder und Jugendliche in ganz Deutschland mit einer juristischen Perspektive auf das Thema neue Medien und Cybermobbing zu blicken und möchte auf diese Weise einen positiven Einfluss auf die Entwicklung von neuen Generationen ausüben. Die kontinuierliche Weiterentwicklung ist ein zentraler Bestandteil in der Qualitätssicherung des Programms. In diesem Rahmen wird nun mit einer groß angelegten wissenschaftlichen Studie angestrebt, die

Wirksamkeit des Angebots zu überprüfen und wichtige Erkenntnisse zum Entstehen und Verhindern von Cybermobbing zu sammeln.

Ein herzliches Dankeschön gilt

- der Geschäftsführerin des Landesrats für Kriminalitätsvorbeugung Mecklenburg-Vorpommern Monika-Maria Kunisch für die Initiierung und Unterstützung dieser Studie,
- den Studierenden der Fachhochschule für öffentliche Verwaltung, Polizei und Rechtspflege, die im Wahlpflicht erste Analysen und Datenerhebungen durchgeführt und damit den Prozess der Wirksamkeitsuntersuchung unterstützt haben,
- Frau Cornelia Brüggert für die Korrektur des Berichts.

Im folgenden Kapitel werden Begriffsbestimmungen vorgenommen und rechtliche Grundlagen beschrieben. Anschließend werden die Phänomenologie sowie der Forschungsstand erläutert. Im 4. Kapitel wird das Präventionsprojekt beschrieben und im 5. Kapitel wird auf die Evaluation von Kriminalprävention grundsätzlich eingegangen. Im 6. Kapitel werden die Methodik der Datenerhebung sowie die Datenauswertung beschrieben. Abschließend erfolgen eine Zusammenfassung der Ergebnisse und ein Fazit.

2 Begriffsbestimmungen

Beschäftigt man sich mit Kriminalitätsphänomenen und ihren Präventionsmöglichkeiten gilt es, Grundlagen zu definieren. Der Begriff Cybercrime setzt sich aus dem lateinischen Begriff „crimen“ und dem englischen Begriff „cyber“ zusammen. „Crimen“ bedeutet Verbrechen und „cyber“ meint, dass etwas auf das Internet bezogen ist. Folglich wird dieses zusammengesetzte Wort als Synonym für den deutschen Begriff der „Internetkriminalität" verwendet.[5] Zudem wird Cybercrime in Computerkriminalität im engeren und im weiteren Sinne unterschieden. Dabei umfasst Cybercrime im engeren Sinne alle diejenigen Straftaten, welche direkte Angriffe auf informationstechnische Systeme darstellen oder explizit aufgeführte Tatbestandsmerkmale verwirklichen. Im weiteren Sinne bezieht sich Cybercrime auf Straftaten, welche zur Tatverwirklichung derartige Systeme als Tatmittel oder Angriffsmedium verwenden, also traditionelle Delikte mittels informationstechnischer Systeme verwirklichen. Cybercrime entwickelt sich äußerst dynamisch, angepasst an gesellschaftliche und technische Entwicklungen und umfasst eine Vielzahl von Kriminalitätsphänomenen.[6]

Angelehnt an die Ziele des Präventionsprojekts Law4school werden die Kriminalitätsphänomene Cybergrooming, Cybermobbing sowie

---

[5] Vgl. Law4school (2021): Cybermobbing & Co. — Webinare bundesweit, https://www.law4school.de/law4school-2/. to Gabler Wirtschaftslexikon: Cybercrime., https://wirtchaftslexikon.gabler.de/defini-tion/cybercrime-53423.

[6] Vgl. Bundeskriminalamt: Cybercrime. https://www.bka.de/DE/Unsere Aufgaben/ Deliktsbereiche/Cybercrime/cybercrime_node.html.

Sexting betrachtet, welche entsprechend der erläuterten Begriffsbedeutungen Cybercrime im weiteren Sinne zuzuordnen sind.

2.1 Cybermobbing

Eine einheitliche Definition von Cybermobbing oder auch Cyber-Bullying gibt es nur in der Form, als dass es sich um die wiederholte Verletzung von Persönlichkeitsrechten im Internet handelt.[7] Cybermobbing beschreibt die wiederholte und vor allem längerfristige und bewusste Schädigung einer Person über digitale Medien, wie z. B. Beleidigungen, Bloßstellungen, Bedrohungen oder Belästigungen mithilfe von Internet- und Mobiltelefondiensten.[8] Nach Doerbeck ist Cybermobbing „ein vorsätzliches, aus negativen Einzelhandlungen bestehendes Verhalten, das sich gegen eine - zumindest in Folge dieser Handlungen - schwächere Person richtet und mittels moderner Informations- und Kommunikationstechnologie erfolgt. Es muss sich über einen längeren Zeitraum wiederholen, wenn nicht eine öffentliche Handlung vorliegt, die dazu führt, dass andere Personen den Cybermobbingprozess - wie vom ursprünglichen Täter vorhergesehen und gebilligt - über einen längeren Zeitraum fortsetzen."[9]

Cyber-Bullying hingegen kann auch über einen kürzeren Zeitraum erfolgen, zeigt sich jedoch häufig in besonders aggressiver Weise und ist speziell darauf gerichtet, den Anderen zu verletzen, zu de-

---

[7] Keller, C. et al. (2020): S. 30.

[8] Vgl. Bündnis gegen Cybermobbing (2020): Cyberlife III, https://wwvv.buendnis-gegen-cybermobbing.de/fileadmin/pdf/ studien/ Cyberlife_Studie_2020_END1 1_.pdf. S. 103.

[9] Doerbeck, C. (2019): S. 114.

mütigen oder einzuschüchtern.[10] Inhaltlich lässt sich dem englischen Begriff „bully" - brutaler Kerl - eine aggressive Erscheinungsform entnehmen und steht für das Terrorisieren und Schikanieren eines Einzelnen oder mehrerer Personen in einer Gruppe.[11] Scheithauer beschreibt Cybermobbing eher als ein Phänomen unter Erwachsenen, z. B. am Arbeitsplatz, und ordnet Cyber-Bullying vornehmlich Kindern und Jugendlichen zu.[12] Hinzuzufügen ist, dass sich Cyber-Bullying in direktes und indirektes Bullying unterscheiden lässt. Dabei lassen sich Verleumdungen, Verbreitungen von Fake News unter falschem Namen und derartige Verfehlungen in den Bereich des indirekten Bullyings einordnen, während das Cyberstalking grundsätzlich dem direkten Bullying zuzuordnen ist.[13]

Sowohl für Cybermobbing als auch für Cyber-Bullying existiert noch kein eigenständiger Straftatbestand, sodass die Handlungen unter anderem durch folgende Straftatbestände erfasst werden: § 185 StGB Beleidigung, § 186 StGB Üble Nachrede, § 187 StGB Verleumdung, § 201 StGB Verletzung der Vertraulichkeit des Wortes, § 201a StGB Verletzung des höchstpersönlichen Lebensbereichs durch Bildaufnahmen, § 240 StGB Nötigung, § 241 StGB Bedrohung, § 131 StGB Gewaltdarstellung und § 22 KunstUrhG Recht am

---

[10] Vgl. Keller, C. et al. (2020): S. 29 f., Vgl. Ackermann, R. et al. (2019): Handbuch der Kriminalistik. 5. Auflage. Stuttgart. Boorberg. S. 675 ff.

[11] Spektrum.de: Lexikon der Psychologie. Bullying. https://www.spektrum.de/lexikon/psychologie/bullying/2676. Abgerufen am 18.01.2022

[12] Vgl. Scheithauer, H. et al. (2008): Bullying. in: Scheithauer et al.: Problemverhalten und Gewalt im Jugendalter. Erscheinungsformen, Entstehungsbedingungen, Prävention und Intervention. Stuttgart. Kohlhammer. S. 86 ff.

[13] Vgl. ebd. S. 30.

eigenen Bild.[14] Diese Tatbestände können dann mit dem Hinweis „Tatmittel Internet" verknüpft werden. Seit 2009 ist dies im Rahmen der Polizeilichen Kriminalstatistik auch auswertbar.[15]

Auf der Internetpräsenz des Präventionsprojekts Law4scholl werden die Formen, die rechtliche Relevanz und Empfehlungen für Cybermobbing wie folgt beschrieben:

1. Formen

a) Flaming

= „Flame“ ist der Begriff für eine ruppige und beleidigende Ausdrucksweise.

Flaming kommt in Mails, Foren, Chats zum Einsatz. Kürzere, heftige Auseinandersetzungen = „Flame-wars“

b) Verunglimpfung

= durch die Verbreitung von Gerüchten oder Lügen wird jemand diffamiert oder beleidigt – passiert das öffentlich, handelt es sich um eine Verleumdung (§ 187 StGB).

c) Betrügerisches Auftreten

= durch Ausnutzung des Passwortes einer Person zu ihrem Profil, z. B. bei Facebook, lässt man diese Person peinlich aussehen oder versucht, Stress in Freundschaften zu schaffen. Man loggt sich in ihr Profil ein und verbreitet dort Gerüchte oder Lügen über die Person oder beleidigt deren Freunde.

---

[14] Vgl. https://www.klicksafe.de/themen/kommunizieren/cyber-mobbing/was-sagt-das- Gesetz, Vgl. Keller, C. et al. (2020): S. 31.

[15] Vgl. Ackermann, R. et al. (2019): S. 647 ff.

d) Outing/Verrat

= Geheimnisse oder peinliche Informationen einer Person werden online verbreitet, heimliche Foto- oder Videoaufnahmen gemacht

2. Erste Schritte

Wichtig: Beweise sichern! (Screenshots – mit Datum und Uhrzeit der Aufnahme! Z. B. mit Atomshot https://ggr-law.com/screenshot-tool-beweise-atomshot/

Profil des Betreibers sperren lassen/ Eintrag löschen lassen: https://www.klicksafe.de/themen/kommunizieren/cybermobbing/service-anbieter-kontaktieren/

3. Rechtliche Beurteilung

a) zivilrechtlich

Persönlichkeitsrechtsverletzung

=> Abmahnung – strafbewehrte Unterlassungserklärung – Rechtsanwaltskosten – Schmerzensgeld

Kosten der anwaltlichen Erstberatung bei geringem Einkommen: Beratungshilfeschein beim Amtsgericht beantragen, sodass die Kosten vom Amtsgericht bezahlt werden.

Weißer Ring e.V. bietet Möglichkeit eines Rechtsberatungsschecks.

b) strafrechtlich z. B.

§ 223 StGB, Körperverletzung

§ 187 StGB, Verleumdung

§ 185 StGB, Beleidigung

§ 240 StGB, Nötigung

§ 238 StGB, Nachstellung – „Stalking“

Empfehlenswert: https://www.youtube.com/watch?v=jBSIVmNBYyA

Recht am eigenen Bild

= Person, die einzeln erkennbar ist und nicht Teil einer Menschenmasse, muss gefragt werden, wenn man ihr Bild veröffentlichen/verbreiten möchte.

Andernfalls:

Straftat nach

§ 201a StGB (Fotos im höchstpersönlichen Lebensbereich wie Wohnung, Garten, Umkleidekabine)

oder

§§ 22, 33 KunstUrhG (Fotos im Alltag, auf der Straße, im Bus o. Ä.)

Auch Fotos, die eine Person von sich selbst geteilt oder öffentlich gemacht hat, dürfen nicht einfach weitergeschickt werden. Auch hier muss die abgebildete Person gefragt werden.

Auch Kinder haben ein Recht am eigenen Bild!

Nacktfotos oder -videos können Kinderpornografie zeigen, wenn Schüler*innen unter 14 Jahre alt sind. Besitz, Anforderung und Verbreitung von Kinderpornografie sind als Verbrechen (Mindeststrafe ein Jahr Gefängnis) strafbar.

Wichtig: WhatsApp-Grundeinstellungen ändern!

1. Android-Betriebssystem:

WhatsApp-Einstellungen: „Daten- und Speichernutzung" => „Medien-Autodownload" => alle Häkchen bei „Mobile Daten" und „WLAN" entfernen.

2. iPhone:

WhatsApp-Einstellungen => „Daten- und Speichernutzung" => „Chats" => „Sichern in Aufnahmen" ausstellen

Urheberrecht

Kostenloser Download bei YouTube ist legal als „Recht zur Privatkopie“ – Ausnahme: Inhalte, die offensichtlich illegal hochgeladen wurden.

Inhalte aus dem Internet darf man nicht ohne Zustimmung des Urhebers ins Internet hochladen oder sonst öffentlich zeigen oder verbreiten.

Illegal: Filesharing, Video-Upload mit gekaufter oder kostenlos heruntergeladener Musik

Fotos sind auch dann urheberrechtlich geschützt, wenn sie nicht künstlerisch wertvoll sind. Die Angabe der Quelle entbindet nicht davon, die Zustimmung des Urhebers zur Veröffentlichung vorher einzuholen.

Lizenzfreie Fotos finden über: https://www.google.de/advanced_image_search - Lizenzrechte für Suche auswählen.

YouTube-Kanal:

Verboten:

- Eigene Konzertmitschnitte hochladen oder einbinden.
- Tonspur anderer Videos verwenden.
- Musik aus dem Radio, die im Hintergrund läuft.
- TV- oder Radiomitschnitte verwenden.
- Gekaufte Musik oder Filme verwenden.
- Fotos oder Logos von anderen – auch abfotografiert – verwenden.
- Bildschirmmitschnitte, in denen Fotos/Logos vorkommen (auch bei Let’s plays). Auch hier: Persönlichkeitsrechte anderer dürfen nicht verletzt werden.

Erlaubt: GEMA-freie Musik/Töne, Fotos mit Creative Commons Lizenz (s. https://de.wikipedia.org/wiki/Creative_Commons) verwenden. https://www.kindersache.de/bereiche/juki/videos - Alternative zu YouTube, wo Kinder eigene Videos hochladen können. Juki selbst prüft, was online geht. Das ersetzt aber nicht das Gespräch mit den Kindern, dass auch diese Videos teilbar sind und dass es auch dann Hass und Häme geben kann. Auch sollte darauf geachtet werden, dass das Gesicht nicht zu sehen ist und persönliche Informationen nicht preisgegeben werden.

Empfehlenswert:

https://www.tagesschau.de/multimedia/video/creativecommonsdossier-101.html

http://www.klicksafe.de/themen/rechtsfragen-im-netz/urheberrecht

2.2 Cyberstalking

Cyberstalking wird in der Literatur als eigenständiges Phänomen im Bereich der Internetkriminalität aufgeführt. Es kann als eine Weiterentwicklung des Stalkings angesehen werden, welches in der virtuellen Welt stattfindet.[16] Cyberstalking wird als eine fortwährende Belästigung und Verfolgung definiert[17], wobei die Erscheinung derartiger, neuer Phänomene im Internet der fortschreitenden Digitalisierung zugeschrieben werden.[18] Aufgrund der Vielfältigkeit des Cyberstalkings lässt sich eine allgemeingültige Definition nur schwer generieren. Es lässt sich jedoch zusammenfassen, dass es sich bei dieser Form der Internetkriminalität um eine unerwünschte, wiederholte Kontaktaufnahme mittels computerbasierter Kommunikations-

---

[16] Vgl. Huber, E. (2012): Cyberstalking und Cybercrime. Wiesbaden, Springer Fachmedien, Vgl. Doerbeck (2019): S. 118 f.

[17] Vgl. Ackermann, R. et al. (2019): S. 64 f.

[18] Vgl. ebd. S.10 ff.

technik handelt, welche geeignet ist, dass sich das Opfer belästigt, verängstigt[19], bedroht, überwacht oder verfolgt fühlt.[20] Cyberstalker verfolgen das Ziel, Anteil am Leben des Opfers zu haben und mit dem Opfer in Kontakt zu treten.[21]

Stalking wird strafrechtlich durch § 238 StGB Nachstellung erfasst. Nachdem es zunächst als Erfolgsdelikt formuliert war, ist es seit der Neufassung im Jahr 2017 ausreichend, dass die Handlungen geeignet sind, die Lebensgestaltung des Opfers schwerwiegend zu beeinträchtigen. Jedoch ist eine direkte Kontaktaufnahme nicht erforderlich, denn Cyberstalking wird strafrechtlich speziell vom § 238 (1) Nr. 2 StGB „unter Verwendung von Telekommunikationsmitteln oder sonstigen Mitteln der Kommunikation" erfasst. Dazu gehören neben E-Mails und Telefonanrufen auch Nachrichten auf Online-Plattformen. Ebenso können weitere Straftatbestände wie § 185 StGB Beleidigung, § 186 StGB Üble Nachrede und § 241 StGB Bedrohung durch Cyberstalking verwirklicht werden.[22] Diese Straftaten werden wiederum mit dem Hinweis „Tatmittel Internet" verknüpft, um sie im Hinblick auf Cybercrime recherchierbar zu machen.[23]

---

[19] Vgl. Huber, E. (2012): S. 65 f., Vgl. Rettenberger, M. et al. (2020): Cyberkriminalität im Kontext von Partnerschaft, Sexualität und Peerbeziehungen: Zur Cyberkriminologie des digitalen Nahraums. Enthalten in: Forensische Psychiatrie, Psychologie, Kriminologie, Jg. 14, Heft 3. S. 245.

[20] Vgl. Doerbeck, C. (2019): S. 118.

[21] Vgl. ebd. S. 119.

[22] Vgl. Bundeskriminalamt: 3. Periodischer Sicherheitsbericht. S.121 f.

[23] Vgl. Ackermann, R. et al. (2019): S. 647 ff.

2.3 Cybergrooming

Cybergrooming bezeichnet „das onlinebasierte Einwirken auf ein Kind zur Einleitung oder Intensivierung eines sexuellen Missbrauchs".[24] Dazu zählen vor allem die Vorbereitungshandlungen, die auf den sexuellen Missbrauch und die sexuelle Belästigung von Kindern und Jugendlichen im Internet ausgerichtet sind. Selbst der Versuch, sich in sexueller Absicht einem Kind über das Internet zu nähern, ist strafbar.[25] Durch den Straftatbestand § 176b StGB sind nur Kinder als Geschädigte/Opfer, also Personen unter 14 Jahren, erfasst. Täter versuchen über soziale Netzwerke, Chats, Video-Kanäle, Gaming-Plattformen etc. Kontakt zu Kindern aufzunehmen. Prinzipiell stellt jedes Programm, welches eine Kontaktaufnahme zwischen Nutzern über das Internet ermöglicht, eine Tatgelegenheit für Cybergrooming dar.[26] Die Täter passen sich den Internetplattformen und dem Medienverhalten an, um den Zugang zu geeigneten Opfern zu erhalten.[27] Sie nutzen Themen, wie die gleichen Interessen, Hobbys, Aufmerksamkeiten und Komplimente, um das Vertrauen der potentiellen Opfer zu gewinnen und eine gewisse Beziehung sowie ein Abhängigkeitsverhältnis aufzubauen. Die Täter nut-

---

[24] Rüdiger, T.-G. (2020): Die onlinebasierte Anbahnung des sexuellen Missbrauchs eines Kindes. Eine kriminologische und juristische Auseinandersetzung mit dem Phänomen Cybergrooming. Frankfurt: Verlag für Polizeiwissenschaften, S. 43.

[25] Vgl. Klicksafe: https://www.klicksafe.de/themen/kommunizieren/cybergrooming/

[26] Vgl. Rüdiger, T.-G. (2020): S. 75.

[27] Vgl. ebd.

zen die Unbedarftheit, die Gutgläubigkeit und das mangelnde Risikobewusstsein der Opfer aus, um Beziehung herzustellen.[28] Cybergrooming ist durch eine einzelne belästigende Handlung bzw. Kontaktaufnahme mit sexuellem Hintergrund erfüllt, kann aber, sobald es über einen längeren Zeitraum zu wiederholten belästigenden Handlungen kommt, auch Cybermobbing darstellen.[29]

Cybergrooming war bisher durch den „alten Straftatbestand" § 176 (4) Nr. 3 und Nr. 4 StGB erfasst, der sich lediglich auf die Einwirkung mittels Schriften[30] oder durch Vorzeigen pornografischer Abbildungen oder Darstellungen, durch Abspielen von Tonträgern pornografischen Inhalts oder durch entsprechende Reden bezog. Am 21.01.2015 erfolgte eine Gesetzesänderung, die die Einwirkung mittels Schriften oder mittels Informations- oder Kommunikationstechnologie oder durch Vorzeigen pornografischer Abbildungen/Darstellungen, durch Abspielen von Tonträgern pornografischen Inhalts [...] mittels Informations- und Kommunikationstechnologien oder durch entsprechende Reden beinhaltet. Der Versuch dieser Taten nach Abs. 4 Nr. 3 und 4 war zu diesem Zeitpunkt nicht strafbar.[31]

---

[28] Vgl. Klicksafe: https://www.klicksafe.de/themen/kommunizieren/cyber-grooming/ was-ist-cybergrooming/

[29] Vgl. Doerbeck, C. (2019): Cybermobbing. Phänomenologische Betrachtung und strafrechtliche Analyse. Berlin: Duncker & Humblot. S. 118.

[30] § 11 StGB a.F. vom 26.11.2015 Schriften stehen Ton- und Bildträger, Datenspeicher, Abbildungen und andere Darstellungen in den jeweiligen Vorschriften gleich.

[31] Vgl. Lexetius: https://lexetius.com/stGB/176,3

Demnach ist seit Januar 2015 jegliche Art von Telefonaten, SMS, Internetkommunikation über WhatsApp, Chats, soziale Medien vom Tatbestand erfasst. Mit einer weiteren Gesetzesänderung im März 2020 wurde auch der Versuch unter Strafe gestellt, wenn der Täter irrig annimmt, dass sein Einwirken sich auf ein Kind bezieht und die Vollendung daran scheitert, weil er z. B. mit einem Ermittler kommuniziert, also auch ein untauglicher Versuch wurde damit unter Strafe gestellt. Somit kann eine Aufdeckung von Straftaten im Bereich Cybergrooming erleichtert werden.[32] Mit einer Gesetzesänderung zum 01.01.2021 wurde der Gesetzestext „mittels Schriften oder mittels Informations- oder Kommunikationstechnologie"[33] ersetzt durch die Wortwahl „mittels eines Inhalts/Mittels eines pornografischen Inhalts". Durch die Änderung des Schriftenbegriffs zum Inhaltsbegriff bezieht sich die Straftat nicht mehr auf das Trägermedium, sondern es ist jeglicher Inhalt, unabhängig auf welche Weise er weitergegeben wird, davon erfasst.[34] Im Juli 2021 gab es die letzte Gesetzesänderung, sodass Cybergrooming gem. § 176b StGB „Vorbereitung des sexuellen Missbrauchs von Kindern" unter Strafe gestellt ist. Ein Verbrechen nach §176b (1) StGB umfasst das Einwirken auf ein Kind durch einen Inhalt (gem. § 11 (3) StGB bezieht es sich auf Inhalte, die in Schriften, auf Ton- oder Bildträgern, in Datenspeichern, Abbildungen oder anderen Verkörperungen mittels Informations- und Kommunikationstechnik übertragen werden), um

---

[32] Vgl. Bundeskriminalamt (2021): 3. Periodischer Sicherheitsbericht. S. 121.
[33] § 11 (3) StGB
[34] Vgl. KriPoZ: https://kripoz.de/Kategorie/gesetzentwuerfe/modernisierung-schriftenbegriff-gesetzentwuerfe/

1. das Kind zu sexuellen Handlungen zu bringen, die es an oder vor dem Täter oder an oder vor einer dritten Person vornehmen oder von dem Täter oder einer dritten Person an sich vornehmen lassen soll, oder
2. eine Tat nach § 184b (1) S. 1 Nr. 3 einen kinderpornografischen Inhalt, der ein tatsächliches Geschehen wiedergibt, herstellt oder nach § 184b (3) abzurufen, sich zu verschaffen oder solchen Inhalt besitzt.
(2) Ebenso wird bestraft, wer ein Kind für eine Tat nach Abs. 1 anbietet oder nachzuweisen verspricht oder wer sich mit einem anderen zu einer solchen Tat verabredet. Absatz 3 umfasst den strafbaren Versuch der Fälle in Abs. 1 und die Strafbarkeit für einen untauglichen Versuch.

Auf der Internetpräsenz des Präventionsprojekts Law4scholl werden die Tatorte und Empfehlungen für Cybergrooming wie folgt beschrieben[35]:
Wo findet es statt?
- in Online-Spielen („USK ab 0")
- in sozialen Netzwerken (Facebook, Instagram)
- über WhatsApp
- über Discord
- bei Tiktok, Likee, Byte u. a.
- bei ebay-Kleinanzeigen, shpock, mädchenkreisel u. a.

[35] https://www.law4school.de/

Empfehlenswert:

https://www.planet-schule.de/wissenspool/fernsehfilme-fuer-die-schule/inhalt/das-weisse-kaninchen.html

https://www.youtube.com/watch?v=wONNg1AMDsk

Mit Kindern über Gewalt-/Pornographie-Videos ins Gespräch kommen:

https://www.polizei-beratung.de/themen-und-tipps/sexualdelikte/kinderpornografie/die-kampagne/

2.4 Sexting

Für den Begriff Sexting liegt keine anerkannte Begriffsbestimmung vor. Im internationalen Diskurs hat sich der Begriff zur Beschreibung des interpersonalen Austausches von erotischen Fotos oder Filmaufnahmen des eigenen Körpers etabliert.[36] „Unter Sexting versteht man den Versand von Fotos, Videos und digitalen Nachrichten an eine oder mehrere Personen auf freiwilliger Basis. Bei den sexuellen Nachrichten müssen inhaltliche konkrete Bezüge zu Petting oder dem Geschlechtsakt bestehen. Auf den Fotos und Videos muss zumindest vom Sender das Geschlechtsteil oder das Gesäß von Männern und Frauen bzw. die Brüste von Frauen zu sehen sein.“[37] In der Literatur wird der Grad der Sexualisierung und der gezeigten

---

[36] Lounsbury, K., Mitchell, K. J., Finkelhor, D. (2011): The True Prevalence of ‘Sexting’. Sexting Fact Sheet. University of New Hampshire, https://www.unh.edu/ccrc/pdf/Sexting%20Fact%Sheet%204_29_11.pdf

[37] Knott, M. (2016): Tatort Sexting. Viktimisierungsrisiken für Jugendliche durch unbedachte Verbreitung von Bilddateien, Verlag für Polizeiwissenschaften, Frankfurt, S. 22.

Nacktheit diskutiert.[38] In Anlehnung an Vogelsang wird der Begriff Sexting auf Bilder/Videos, die die abgebildete Person nackt oder halbnackt zeigen, angewendet. Diese Definition schließt ein, dass es sich um sexuell konnotiertes Bildmaterial handelt.[39] Einige Studien erfassen ebenfalls das Versenden von sexuellen Textnachrichten. Überwiegend bezieht sich der Begriff jedoch auf Fotos und/oder Videos, die verschickt oder veröffentlicht werden.[40]

Wenn Jugendliche-Bildmaterial mit sexuellen Handlungen von, an oder vor einer 14- bis 18-jährigen Person oder die Wiedergabe einer ganz oder teilweise unbekleideten 14 bis 18 Jahre alten Person in unnatürlich geschlechtsbezogener Körperhaltung zeigt, handelt es sich um jugendpornografische Schriften gem. § 184c StGB. Sowohl der Besitz als auch die Verbreitung sind strafbar. Dieses gilt gem. § 184c StGB jedoch nicht, wenn Jugendliche die jugendpornografischen Schriften „zum persönlichen Gebrauch mit Einwilligung der dargestellten Person hergestellt haben". Somit machen sich Jugendliche, die im Besitz der eigenen jugendpornografischen Fotos sind, nicht strafbar. Problematisch wird Sexting, wenn Bildmaterial ohne Einverständnis der abgebildeten Person weitergeleitet wird. Hier handelt es sich um die Verletzung des Rechts am eigenen Bild gem. § 22 KunstUrhG und ggf. eine Verletzung des höchstpersönlichen Lebensbereichs gem. § 201a StGB.

---

[38] Vgl. Döring, N. (2012): Sexting; Fakten und Fiktionen über das Ausmaß erotischer Handyfotos unter Jugendlichen. Enthalten in: Zeitschrift für Medienpädagogik, 56 (I), S. 48.
[39] Vgl. Vogelsang, V. (2017): Sexuelle Viktimisierung, Pornografie und Sexting im Jugendalter, Springer Verlag, Wiesbaden, S. 36.
[40] Vgl. ebd.

3 Phänomenologie

Aufgrund der umfangreichen Nutzung des Internets für digitale Kommunikation, den Erhalt von Sozialkontakten und auch zu schulischen Zwecken besteht insbesondere bei Kindern und Jugendlichen ein erhöhtes Risiko, Opfer von Cybermobbing, Cybergrooming oder Sexting zu werden. Kinder und Jugendliche nutzen vermehrt soziale Medien, Chats und Internetplattformen, um persönliche Informationen, den Alltag, Sorgen oder Wünsche über digitale Wege zu teilen. Durch das derartige, gewollte Preisgeben und Präsentieren privater Einblicke und Informationen besteht eine erhöhte Gefahr, Opfer eines Missbrauchs dieser Offenheit, insbesondere von Cybermobbing und Cybergrooming, zu werden.[41] Das Internet bietet unendlich viele Möglichkeiten, potenzielle Opfer zu kontaktieren.[42] Bei Betrachtung des dazu notwendigen Aufwandes ist festzustellen, dass enorm viele Personen mit vergleichsweise geringem Aufwand durch E-Mails oder auch das Versenden von Bild- und Tonmaterial erreicht werden können. Insbesondere diese Vielseitigkeit, aber auch die Anonymität, die eben genau diese Tatmodalitäten bieten, verringern die Hemmschwelle für Täter*innen, derartige Inhalte zu kommunizieren, da eine negative Sanktion häufig ausbleibt. Diese Anonymität führt nicht nur dazu, dass ein geringeres Entdeckungsrisiko besteht, da die Identifizierungsmöglichkeiten von Täter*innen durch die formale

---

[41] Vgl. Bundeskriminalamt: 3. Periodischer Sicherheitsbericht. S. 121 f.
[42] Vgl. ebd. S.130., Vgl. Keller, C. et al. (2020): S. 30.

Sozialkontrolle stark beschränkt ist[43], sondern erhöhen auch die Gewaltbereitschaft.[44]

3.1 Täter*innen

Neben diesen allgemein beschriebenen Ursachen wurde speziell die Motivlage von Tätern beim Cybermobbing näher betrachtet. Fawzi unterteilt die Jugendlichen Tätertypen nach ihren Motiven in folgende Kategorien: Die erste ist selbst Mobbingopfer geworden oder ein Freund ist betroffen und folglich wird der ehemalige Täter gemobbt. Die Ursache für die Straftat liegt also in der eigenen Viktimisierungserfahrung. Die zweite Täterkategorie mobbt, um Autorität und Kontrolle über andere auszuüben. Ursache ist folglich ein Konflikt mit anderen, den eigenen Status gegenüber anderen oder auch die eigene emotionale Lage darzustellen. Eine weitere Kategorie stellen die Streber dar, die durch Cybermobbing Respekt erhalten wollen. Die vierte Kategorie stellen die Täter dar, die aus Langeweile, schlechter Laune, Spaß oder um Abwechslung zu bekommen andere mobben. Andere wiederum mobben, ohne sich bewusst zu sein, dass es bereits Mobbing ist.[45] Faktoren wie die Anzahl delinquenter Freund*innen, Schulschwänzen, Gewalt im familiären Umfeld, Alkoholkonsum, Risikosuche, gewaltlegitimierende Männlichkeitsnormen und Migrationshintergrund erhöhen die Wahrscheinlichkeit, derartige Delikte zu begehen. Zudem wirken geringe elterli-

---

[43] Vgl. ebd.

[44] Vgl. Bündnis gegen Cybermobbing (2020): Cyberlife III. https://www.buendnis-gegen-cybermobbing.de/fileadmin/pdf/studien/Cyberlife_Studie_2020_END1 1_.pdf

[45] Vgl. Fawzi, N. (2009): Cyber-Mobbing. Ursachen und Auswirkungen von Mobbing im Internet. Baden-Baden: Nomos Vertragsgesellschaft. S. 40-41.

che Kontrolle, geringer Bezug zu Werten und Normen sowie schlechte Schulleistungen auf die Wahrscheinlichkeit, Cyber-Täter zu werden. Die Täter von Cybergrooming sind überwiegend männlich.[46] Der Anteil jugendlicher Täter ist seit 2010 gestiegen. Im Jahr 2019 waren mehr als die Hälfte (57,3 %) der Tatverdächtigen Kinder, Jugendliche und Heranwachsende. Rüdiger unterscheidet dabei in zwei Tätertypen. Ein Tätertypus möchte durch die Kontaktaufnahme auch ein reales Treffen mit dem Kind erreichen, der andere zielt darauf ab, einen Missbrauch über digitale Medien, ohne physischen Kontakt zu erreichen.[47] Beim Cyberstalking sind die Täter ebenfalls überwiegend männlichen Geschlechts (ca. 80 %).

3.2 Opfer

Bestimmte Faktoren erhöhen das Risiko bzw. die Wahrscheinlichkeit, Opfer einer Cybercrime-Straftat zu werden.[48] Insbesondere haben Nutzer*innen von neuen Kommunikationstechnologien ein erhöhtes Risiko. Zudem sind häufiger Personen von Cybermobbing betroffen, die eine geringe Beliebtheit und Akzeptanz unter den Gleichaltrigen erfahren, aber auch über ein geringes Selbstwertge-

---

[46] Vgl. KFN (2019): Jugendliche in Niedersachsen. Ergebnisse des Niedersachsensurveys 2019. Zusammenfassung. https://kfn.de/wp-content/uploads/ Forschungsberichte/FB_154.pdf S. 4., Peter, I.-K. et al. (2018): S. 84 ff.

[47] Vgl. Ackermann, R. et al. (2019): S. 647 ff., BKA (2021): 3. Periodischer Sicherheitsbericht. S.123., Vgl. Rüdiger, T.-G. (2015): Der böse Onkel im digitalen Kinderzimmer. - Wie Sexualtäter Onlinegames nutzen., in: Hillebrandt (2015): Gewalt im Netz. Berlin: BAJ Bundesarbeitsgemeinschaft Kinder- und Jugendschutz. S. 111-112.

[48] Vgl. Peter, I.-K. et al. (2018): S. 98.

fühl, wenig Selbstvertrauen verfügen und eher schüchtern sind.[49] Geringes oder gar fehlendes Vertrauen in die Handlungskompetenz der Eltern in Verbindung mit geringer innerfamiliärer Kommunikation und Bindung sind weitere Faktoren, die die Möglichkeit, Cyber-Opfer zu werden, erhöhen.[50] Weiterhin wird in der Literatur diskutiert, dass die Erfahrung von Mobbing oder Cybermobbing, sei es als Opfer oder als Täter, die Gefahr erhöht, erneut Opfer zu werden. Weitere Risikofaktoren sind die erhöhte Verletzlichkeit in der Phase der Pubertät und eine gewisse Unzufriedenheit der Jugendlichen.[51] Cybermobbing ist ein weit verbreitetes Phänomen, wovon bereits Kinder und Jugendliche betroffen sind[52], aber es durchaus auch das Erwachsenenalter betrifft.[53] Die Folgen dieser Cyberphänomene bei den Opfern sind mitunter äußerst schwerwiegend und reichen von kurzfristigen bis hin zu dauerhaften Belastungen.[54] Es können neben psychischen und physischen Folgen, welche von Wut über Schlafstörungen bis hin zu Depressionen reichen, auch soziale und ökonomische Belastungen entstehen. Die Häufigkeit der Vorfälle

---

[49] Vgl. Katzer, C. (2011): Das Internet als Tatort: Cyberbullying und sexuelle Gewalt - Wer sind die Täter, wer wird zu Opfern?. Hannover. Landesstelle Jugendschutz Niedersachsen. S. 186.

[50] Vgl. Peter, I.-K. et al. (2018): S. 83 ff.

[51] Vgl. ebd. S. 89 f., Vgl. Bündnis gegen Cybermobbing (2020): Cyberlife III Studie, Vgl. Baldnj, A. C. et al. (2015): „Am I at risk of cyberbullying?" A narrative review and conceptual framework for research on risk of cyberbullying and cybervictimization: The risk and needs assessment approach. Aggression and Violent Behavior. S. 36-51.

[52] Vgl. BKA (2021): 3. Periodischer Sicherheitsbericht. S. 129.

[53] Vgl. Bündnis gegen Cybermobbing: Mobbing und Cybermobbing bei Erwachsenen, 2021

[54] Vgl. Doerbeck, C. (2019): S. 65.

könne sich dabei auf die Schwere der Symptome auswirken.[55] Werden Beleidigungen, Bloßstellungen und andere phänomenbezogene Straftaten mittels Informations- und Kommunikationstechnik begangen, hat dies eine Art Entgrenzung zur Folge, wodurch auch Rückzugsräume verringert werden oder gar schwinden. Auch das Schadensausmaß wird durch die Öffentlichkeitswirksamkeit erweitert, vor allem, weil derartig gelagerte, online veröffentlichte Inhalte nur schwer oder gar nicht löschbar sind.[56] Sogenannte Cyber-Opfer haben häufig mehr Fehlzeiten in der Schule, depressive Symptome bis hin zu posttraumatischen Belastungsstörungen oder gar suizidale Gedanken und zeigen generell auch unter Freunden meidendes Verhalten. Auch der Drogenkonsum steigt bei Opfern an.[57] Die Opfer von Cybergrooming sind überwiegend weiblich. Im Jahr 2019 wurden 77,5 % weibliche Geschädigte erfasst. Etwa zwei Drittel der Betroffenen waren zwischen 12 und 13 Jahren alt und 24,4 % waren 10 oder 11 Jahre alt. Da der § 176 StGB sich nur auf Kinder bis 14 Jahren bezieht, sind auch nur Kinder und keine jugendlichen Betroffenen erfasst.[58] Die Opfer von Cyberstalking sind zu 80 % weiblich. Die Mehrheit der betroffenen Personen ist erwachsen (rund 81 %). Besondere Beachtung findet beim Cyberstalking die vorherige part-

---

[55] Schultze-Krumbholz, A. et al. (2021): Medienhelden. 3. Auflage. München. Ernst Reinhardt Verlag. S.17 f.

[56] Vgl. Keller, C. et al. (2020): S. 30.

[57] Vgl. Gewalt-gegen-Kinder: Folgen von Cybermobbing. Https://www.gewalt-gegen-kinder.de/index.phpileitfaden/cybermobbing/folgen-von-cybermobbing?start=1. Schultze-Krumbholz, A. et al. (2021): Medienhelden. 3. Auflage. München. Ernst Reinhardt Verlag. S. 19.

[58] Vgl. Bundeskriminalamt (2021): 3. Periodischer Sicherheitsbericht, S. 127

nerschaftliche oder soziale Beziehung zwischen Opfer und Täter. Nur 14,3 % der Opfer hatten keinerlei Beziehung zum Täter.[59]

3.3 Hell- und Dunkelfeld

Das Bundeskriminalamt erstellt jährlich das Bundeslagebild Cybercrime. Somit ist eine generelle Recherche dieser Phänomene in Ansätzen möglich.[60] Seit über zehn Jahren sind die Hellfeldzahlen stetig angestiegen. Im Fall des Cybergrooming ist die Erhöhung der Fallzahlen neben den Erweiterungen im Strafgesetzbuch auch dem wachsenden Problembewusstsein der Bevölkerung sowie der steigenden Nutzungsdauer und -intensität mobiler Geräte bei Kindern und Jugendlichen zuzuschreiben.[61] Im Zuge der Strafrechtsreform 2021 wurden mehrere Normen im Bereich des sexuellen Missbrauchs in Bezug auf kinderpornografische Inhalte sowie die sexuelle Ausbeutung von Minderjährigen neu gefasst bzw. eingeführt.[62] In 2022 wurden 36.402 Tatverdächtige in Fällen von Verbreitung, Erwerb und Besitz von kinderpornografischen Inhalten polizeilich erfasst. „Der Anteil der minderjährigen Tatverdächtigen belief sich auf gut 40 %, was sich auf das […] Phänomen der „Selbstfilmer“ und das unbedarfte Weiterleiten der kinderpornografischen Inhalte auf weitgehend von minderjährigen Personen genutzten Plattformen, wie z. B. TikTok, zurückführen lässt.“[63] Im Hellfeld wurden gehäuft sog. Selbstfilmende registriert. Diese fertigen pornografische Han-

---

[59] Vgl. ebd. S. 127.
[60] Vgl. Ackermann, R. et al. (2019): S. 647 ff., BKA (2021): 3. Periodischer Sicherheitsbericht. S. 123.
[61] BKA (2021): 3. Periodischer Sicherheitsbericht. S. 124 f.
[62] BKA (2023): Sexualdelikte zum Nachteil von Kindern und Jugendlichen, Bundeslagebild 2022. S. 4.
[63] Vgl. ebd. S. 17.

dyaufnahme von sich selbst und verbreiten diese im Internet, z. B. über Snapchat, YouTube oder TikTok. Diese Handlungen sind strafrechtlich im Sinne einer Anfertigung oder Verbreitung kinderpornografischen Materials nicht relevant, allenfalls aufgrund des Besitzes derartiger Aufnahmen. Gelangen diese jedoch in den Besitz Dritter, handelt es sich um eine Straftat, an die sich weitere Taten wie z. B. die Weiterverbreitung der Datei anschließen können. Zudem wurden Fälle festgestellt, in denen Facebook-Accounts gehackt worden sind, indem das Passwort des Users geändert und damit der berechtigte Nutzer ausgeschlossen worden ist. Anschließend wurden über diese „gekaperten" Accounts kinderpornografische Abbildungen versendet.[64] Beim Cybergrooming „kommt dem Internet als Tatmittel sowie als Tatort eine gesteigerte Bedeutung zu, da zuvor bestehende Strafbarkeitslücken geschlossen wurden. Hierzu zählen vor allem Fälle, in denen die Tatverdächtigen den Kontakt zu potentiellen Opfern häufig in Chats und sozialen Netzwerken herstellen."[65]

Der Bericht der kriminologischen Forschungsgruppe der Bayerischen Polizei widmet sich in einem Sonderteil der Verbreitung von Pornografie unter Jugendlichen. Untersucht wurde die illegale Verbreitung von Pornografie durch Jugendliche zwischen 14 und 17 Jahren. In Bayern wurden im vergangenen Jahr 621 Jugendliche wegen Verbreitung pornografischer Schriften angeklagt. Es handelt sich um eine Hellfeldanalyse, daher ist zu vermuten, dass die tatsächliche Anzahl der Delikte weitaus höher ist. Den größten Teil

---

[64] Vgl. ebd. S. 19-20.
[65] Ebd. S. 10.

(57,6 %) der verbreiteten Kinder- und Jugendpornografie machen freiwillig angefertigte „Pornselfies“ aus, z. B. Nacktbilder. Das legt nahe, dass Aufnahmen sexualisierter Gewalt an Minderjährigen in geringerem Umfang verbreitet werden. Die Zahlen weisen auf die häufige Weiterverbreitung von intimen Fotos ohne das Einverständnis der abgebildeten Person. Laut Bericht traf das auf 76 % der gefundenen „Pornselfies“ von Minderjährigen zu. Bei der Verbreitung von ursprünglich freiwillig angefertigten „Pornselfies" lässt sich beobachten, dass im Hellfeld in den meisten Fälle (93,3 %) Bilder von Mädchen ungefragt verbreitet worden sind.

Die jugendlichen Täter*innen, die wegen Verbreitung von Pornografie erfasst worden sind, sind mit 83,6 % mehrheitlich Jungen. Kinder und Jugendliche müssen dringend über gesetzliche und ethische Grenzen in der Online-Kommunikation aufgeklärt werden, wie z. B. das Recht am eigenen Bild und die Konsequenzen beim Verbreiten von strafbaren Inhalten. Beim Thema der freiwillig erstellten intimen Bilder („Sexting“ oder „Pornselfies“) benötigen Jugendliche Informationen und Hilfestellung zu möglichen Risiken und zum richtigen Umgang. Kinder und Jugendliche müssen befähigt werden, angemessen zu reagieren, wenn Peers illegale Inhalte in Chatgruppen verbreiten.[66]

Im Rahmen der Studie des KFN wurden in Niedersachsen über 12.000 Jugendliche der 9. Jahrgangsstufe mittels standardisierter Paper-Pencil-Methode und computerbasiert befragt. Das Durch-

---

[66] https://www.klicksafe.de/news/verbreitung-von-pornografie-unter-jugendlichen

schnittsalter der Teilnehmer war 15 Jahre und jeder zweite Schüler männlich. Inhaltlich wurden sowohl das Hellfeld, delinquentes Verhalten aus Täter- und Opfersicht, risikoreiche Einstellungen, Rechtsextremismus, Alltagserlebnisse als auch die Situation der Lehrkräfte ausgewertet. Zusammenfassend in Bezug auf die Thematik dieser Betrachtung hat die Studie ergeben, dass jede*r 5. Schüler*in in den vergangenen zwölf Monaten Opfer von Bullying oder Cyber-Bullying geworden ist und 8,7 % selbst derartige Taten begangen hat[67]. Dabei ist die häufigste Form das verbale Bullying, wobei häufiger weibliche Opfer zu verzeichnen sind. Männliche Opfer sind beim physischen Bullying überrepräsentiert. Cyber-Bullying nahm im Jahr 2019 noch einen verhältnismäßig geringen Anteil im Verhältnis zu derartigen Taten im realen Leben ein.[68]

Die Schulformen betrachtend, ist sowohl opfer- als auch täterseitig ein Korrelat zwischen niedrigen Schulformen und Bullying zu erkennen.[69]

Die JIM-Studie untersucht jährlich die Mediennutzung von 12- bis 19-jährigen Jugendlichen. Im Jahr 2023 haben ca. 1.200 Jugendliche an der Studie teilgenommen. Aktuell sind diese durchschnittlich 224 Minuten täglich online. Dabei spielen insbesondere Messenger und Social Media eine große Rolle. WhatsApp wird von 94 % regelmäßig genutzt. Instagram belegt mit 62 % Platz zwei, gefolgt von

---

[67] Vgl. KFN (2019): Jugendliche in Niedersachen. Ergebnisse des Niedersachensurveys 2019., KFN-Forschungsbericht Nr. 154. S. 4.
[68] Vgl. ebd. S. 69 ff.
[69] Vgl. ebd. S. 72 ff.

TikTok mit 59 % und Snapchat mit 49 %. Wenn es um onlinebasierte Möglichkeiten geht, Serien, Sendungen und Filme anzusehen, sind vor allem Netflix und YouTube bei Jugendlichen sehr beliebt. 63 % nutzen hierfür regelmäßig YouTube (2022: 50 %) und 50 % Netflix (2022: 53 %).

Im Rahmen der JIM-Studie wurden darüber hinaus die Themen Desinformation und Beleidigungen im Netz untersucht. Hierzu wurden die Jugendlichen gefragt, welche der folgenden negativen Phänomene ihnen im letzten Monat im Netz begegnet sind. Demnach sind 58 % mit Fake News in Kontakt gekommen, gut die Hälfte mit beleidigenden Kommentaren. Etwa jeweils zwei Jugendliche von fünf Jugendlichen wurden im letzten Monat vor der Befragung mit extremen politischen Ansichten, Verschwörungstheorien oder Hassbotschaften konfrontiert. 23 % sind ungewollt auf pornografische Inhalte gestoßen, 14 % haben Anfeindungen gegen sich persönlich erleben müssen. Jedes dritte Mädchen und jeder vierte Junge wurde 2023 im Netz schon einmal sexuell belästigt. 23 % wurden im letzten Monat vor der Befragung ungewollt mit pornografischen Inhalten konfrontiert. Lediglich 27 % konnten von sich sagen, im letzten Monat keinem dieser Phänomene im Internet begegnet zu sein. Im Umkehrschluss haben fast drei Viertel der Jugendlichen binnen eines Monats negative Erfahrungen gemacht.[70]

---

[70] JIM-Studie 2023 (mpfs.de), S. 52.

In den Städten Neubrandenburg und Rostock wurden die Schüler*innen der neunten Jahrgangsstufe mit einem Durchschnittsalter von ca. 15 Jahren in den Jahren 2022 und 2023 dazu befragt, inwiefern sie bereits Erfahrungen als Opfer von Taten über das Tatmittel Internet gesammelt haben. In beiden Städten ist zu erkennen, dass sich die Häufigkeit der Beleidigungen (26 %, 27,5 %) sowie des Verbreitens von Gerüchten über das Internet (23 %, 26,4 %) gegenüber den anderen möglichen Handlungen deutlich abheben. Des Weiteren gaben 19 % (18,4 %) der antwortenden Schüler*innen an, dass sie von Jemandem über Internet/Handy/Smartphone verspottet, beleidigt oder beschimpft worden sind (Cybermobbing).

Ebenso viele (ca. ein Fünftel) erhielten mindestens einmal gegen ihren Willen Nacktfotos oder anzügliche Angebote über das Internet (Sexting).

In der Befragung aller Neuntklässler*innen in den Städten Neubrandenburg und Rostock haben sich ähnliche Befunde gezeigt; es gibt nur geringe Abweichungen. Von Cybergroomingvorfällen haben in Neubrandenburg 9,7 % sowie in der Hanse- und Universitätsstadt Rostock 12 % der Teilnehmenden berichtet.[71] Die Ergebnisse der Befragung werden in der folgenden Tabelle dargestellt.

---

[71] Vgl. Bley, R., Rasch, D. (2023): Bericht zur Befragung aller Neuntklässlerinnen und Neuntklässler in der Stadt Neubrandenburg, Schriftenreihe der FHöVPR M-V, Güstrow., Vgl. Bley, R., Rasch, D. (2024): Bericht zur Befragung aller Neuntklässlerinnen und Neuntklässler in der Hanse- und Universitätsstadt Rostock, Schriftenreihe der FHöVPR M-V, Güstrow.

Wie oft ist es im letzten Schulhalbjahr vorgekommen, dass ... (Opferwerdung in %)	NB	Rostock	n (gültig) NB/HRO
... dich jemand über Internet/Handy/Smartphone verspottet, beleidigt oder beschimpft hat?	27,5 %	26 %	386/489
... jemand über Internet/Handy/Smartphone anderen gegenüber dich verspottet, beleidigt oder beschimpft hat?	18,4 %	19 %	386/484
... dich jemand über Internet/Handy/Smartphone bedroht hat?	8,5 %	14 %	386/486
... jemand über Internet/Handy/Smartphone Gerüchte über dich verbreitet oder schlecht über dich geredet hat?	26,4 %	23 %	382/484
... jemand private Nachrichten, vertrauliche Informationen, Fotos oder Videos von dir ins Internet gestellt bzw. per Handy/Smartphone versendet hat, um dich bloßzustellen oder lächerlich zu machen?	11,5 %	13 %	383/483
... jemand sich in deinen Account gehackt und persönliche Informationen gestohlen hat?	6,3 %	5 %	382/484
... jemand sich in deinen Account gehackt und sich für dich ausgegeben hat?	3,4 %	3 %	384/480
... jemand einen gefälschten Account eingerichtet und sich als dich ausgegeben hat?	6,3 %	5 %	383/481
... jemand Bilder oder Videos von dir verändert hat, die du online gepostet hattest?	6 %	6 %	383/481
... dich jemand über Internet/Handy/Smartphone aus einer Gruppe ausgeschlossen hat?	15,4 %	16 %	383/480
... dir jemand gegen deinen Willen Fotos oder Videos von nackten Personen geschickt hat oder mit dir über Sex reden wollte?	19,1 %	19 %	382/482
... jemand dich gegen deinen Willen über Internet/Handy/Smartphone zu sexuellen Handlungen aufgefordert hat?	9,7 %	12 %	381/478

Tabelle 1: Gewalttätigkeit im Internet (Opferperspektive, dichotomisiert), eigene Darstellung

Das Bündnis gegen Cybermobbing hat im Jahr 2020 mit der Folgestudie (2013, 2017) „Cyberlife III" Schüler*innen, Eltern und Lehrkräfte zum Thema Cybermobbing befragt. Die Erhebung hat mittels standardisierter Befragung (online und paper-pencil) von 6.000 Personen stattgefunden. Die wichtigsten Ergebnisse der Studie sind: Cybermobbing ist ein akutes, wachsendes Problem, welches durch die Pandemielage, mit dem damit einhergehenden Fernunterricht und durch die Kontaktbeschränkungen verschärft worden ist.

Eltern fühlen sich überfordert und unter Druck gesetzt, wie sie ihre Erziehungsaufgaben unter dem ständigen Einfluss des Internets und dem steigenden Stellenwert der sozialen Medien erfüllen sollen. Lehrkräfte fühlen sich zu wenig auf die Thematik Cybermobbing vorbereitet und es finden zu wenig Präventionsmaßnahmen an Schulen statt. Die Schüler*innen spiegeln dies wider, indem sie angaben, dass zu wenig Prävention zum Thema Cybermobbing in Schulen betrieben wird.

Die Schüler*innenbefragung kam weiterhin zu dem Ergebnis, dass die Anzahl der Betroffenen von Cybermobbing weiterhin steigt. Im Jahr 2017 waren 12,7 % der Befragten Opfer von Cybermobbing geworden, 2020 waren es bereits 17,3 %. Ebenfalls steigt der Anteil der Betroffenen an, die Suizidgedanken haben und auch zu Alkohol oder Tabletten greifen. Als besondere Risikofaktoren werden Unzufriedenheit der Schüler*innen durch die Alltagssituation, soziale Bindungsbeschränkungen und die erhöhte Verletzlichkeit benannt.

Abgeleitet aus den Ergebnissen fordert das Bündnis gegen Cybermobbing eine Online-Beratungsstelle, eine verstärkte Selbstkontrolle der Onlineanbieter, verstärkte Präventionsarbeit an Schulen (bereits ab dem Grundschulalter) und die Einführung eines Cyber-Mobbing-

Gesetzes, um die Gesellschaft zu sensibilisieren, aufzuklären und die Anzahl der Straftaten zu verringern.[72]

4 Präventionsprojekt Law4school

Um den o. a. Phänomenen zu begegnen, gilt es, vorbeugende Maßnahmen zu treffen. Dazu ist das Zusammenwirken unterschiedlichster Akteure erforderlich. Kriminalprävention wird als die Gesamtheit aller staatlichen und privaten Bemühungen zur Verhütung von Kriminalität definiert. Die wirksamsten Effekte werden im Rahmen der universellen Prävention erzielt, welche bei der Allgemeinheit ansetzt und u. a. Normverdeutlichung und Aufklärung beinhaltet.[73] Insbesondere die Schulen müssen für eine gute Aufklärung hinsichtlich dieser Themen, aber auch für ein gutes Verhältnis zwischen Lehrkräften und Schüler*innen sorgen, sodass sich Schüler*innen sowohl über das Unrecht diverser Handlungen bewusst sind als auch den Kontakt zu Ansprechpartner*innen im Bedarfsfall suchen können. Auf einen generell respektvollen Umgang muss bereits in der Schule geachtet und dieser im besten Fall als „Verhaltenskodex" festgehalten werden. Auch Streitschlichter*innen, Mobbing-Beauftragte oder andere spezielle Ansprechpartner*innen können zur Prävention beitragen. Die Eltern nehmen ebenfalls eine wichtige Rolle ein und sollten ihren Kindern sowohl als Vertrauensperson als auch unterstützend im Falle einer Viktimisierung zur Sei-

---

[72] Vgl. Bündnis gegen Cybermobbing (2020): Cyberlife III. https://www.tk.de/ressource/blob/2095178/68716eff1efo08926259deedfd05c871/praesentation-zur-studie-cybermobbing-2020-data.pdf

[73] Vgl. Kube, E., Koch, K. F. (1996): Kriminalprävention, Lehr- und Studienbriefe Kriminologie, Hilden/Rhld., S. 5.

te stehen.[74] Entscheidend ist, dass Eltern wissen, wie und auf welchen Plattformen ihr Kind unterwegs ist, um adäquat reagieren und somit die Kinder auch angepasst aufklären zu können.[75]

Die besten und wichtigsten Präventionsansätze scheinen jedoch Unterrichtseinheiten und Trainings zu sein, welche explizit über Cybermobbing und andere Phänomene aufklären. Diese sollen den Standards der Kriminalprävention entsprechen und somit frühzeitig erfolgen.[76] Derartige Präventionsansätze finden sich u. a. auf der Grünen Liste der Prävention, im Programm Medienhelden, auf den Internetseiten von klicksafe und Bündnis-gegen-Cybermobbing. Auch die Polizeien des Bundes und der Länder bieten u. a. über ProPK diverse Präventionsprojekte und Dokumentationen an. Nicht zuletzt jedoch stellt das Projekt Law4school, welches nachfolgend beschrieben wird, einen wichtigen Präventionsansatz dar.

Nachfolgend werden die Anzahl der deutschlandweit durchgeführten Webinare sowie deren Inhalte betrachtet.

4.1 Durchgeführte Webinare

Die Webinare des Projekts Law4school werden seit 2013 deutschlandweit angeboten. Der im Rahmen der Projektdokumentation erhobene Datensatz wurde bis 2021 ausgewertet. Insgesamt wurden auf der Homepage 5.292 beteiligte Klassen in der Bundesrepublik

---

[74] Vgl. Ackermann, R. et al. (2019): Der rote Faden. S. 681 f.
[75] Peter, I.-K. et al. (2018): Cybermobbing im Kindes- und Jugendalter. S. 56.
[76] Vgl. Gewalt-gegen-Kinder: Folgen von Cybermobbing. Https://www.gewalt-gegen-kinder.de/index.php/ leitfaden/cybermobbing/was-kann-man-tun?start=3.

erfasst. Es ist festzuhalten, dass bisher in jedem Bundesland Veranstaltungen in den Schulen durchgeführt worden sind, Mecklenburg-Vorpommern ist mit 2.265 teilnehmenden Klassen führend, gefolgt von Bayern mit 529 Klassen, Nordrhein-Westfalen (509) und Niedersachsen (438). In Mecklenburg-Vorpommern waren Schulen in allen Städten und Landkreisen beteiligt, die Schulen in der Landeshauptstadt Schwerin sind mit 90 Klassen am geringsten vertreten. Bemerkenswert ist, dass in Mecklenburg-Vorpommern ca. ein Viertel der Webinare im Einzugsgebiet der Hanse- und Universitätsstadt Rostock durchgeführt worden sind, was auf den Bekanntheitsgrad des Projekts zurückgeführt wird.

Anschließend wurden die Klassenstufen (4 bis 13) im Hinblick darauf analysiert, in welchen die meisten Veranstaltungen durchgeführt worden sind. Hierbei ist in der Bundesrepublik Deutschland (BRD) festzustellen, dass die Klassenstufe 7 mit 1.215 Klassen an der Spitze steht, gefolgt von Klassenstufe 6 (998) und Klassenstufe 5 (942). Dieses kann damit begründet werden, dass der Handy- und Internetkonsum der Schüler*innen in dieser Altersspanne womöglich noch am Anfang steht und bereits gleich zu Beginn über die Gefahren der Handy- und Internetnutzung aufgeklärt werden sollte.

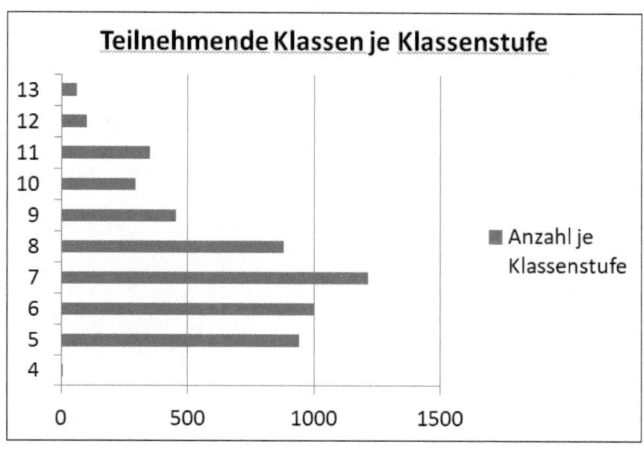

Abbildung 1: Teilnehmende Klassen je Klassenstufe, eigene Darstellung

In Mecklenburg-Vorpommern ist die Gewichtung ähnlich. Hier ist die Klassenstufe 7 mit 537 Klassen auch am häufigsten vertreten, gefolgt von Klassenstufe 5 und 6. Insgesamt sind alle Klassenstufen 4 bis 13 vertreten. Als Besonderheit wäre hier die Klassenstufe 11 anzusehen; von den insgesamt 210 wurden 205 Veranstaltungen von Berufsschulklassen gebucht.

Die Webinare finden seit dem 12.06.2013 statt. Der positive Trend ist dadurch festgestellt, dass die beteiligten Klassen in Mecklenburg-Vorpommern von Jahr zu Jahr stetig zunahmen, sich im Jahr 2014 zu 2015 fast verdoppelt haben. Vergleicht man den Zeitraum von 2015 bis 2021, stellt man erneut eine Verdoppelung von 210 im Jahr 2015 auf 437 beteiligten Klassen im Jahr 2021 fest. Auch die Anzahl der beteiligten Klassen in der BRD haben im Laufe der Zeit stark zugenommen. Von 2020 bis 2021 hat sich die Gesamtzahl der beteiligten Klassen von 901 auf 2.015 mehr als verdoppelt; werden nur die Zahlen außerhalb von Mecklenburg-Vorpommern berücksichtigt, hat sich die Anzahl der beteiligten Klassen mehr als verdreifacht. Abschließend kann festgestellt werden, dass das Präventionsprojekt ausgehend von Mecklenburg-Vorpommern bundesweit etabliert wurde.

4.2 Inhalte der Webinare

Neben der rechtlichen Aufklärung der Schüler*innen (s. Kap. 2) werden die folgenden Handlungsempfehlungen in den Webinaren altersstufenabhängig gegeben:[77]

1. Kinder sollten erst frühestens ab 5./6. Klasse, besser wäre erst ab 14 Jahren, ein Smartphone bekommen, ausgestattet mit einer Prepaid-Karte und ohne Internet-Browser. Warum bis 14 Jahre warten? Lesen Sie hier: https://www.smarterstartab14.de/warum-warten-2

2. Kinder im Kindergartenalter oder Grundschulalter sollten nicht allein Tablet und Smartphone nutzen. Auch Youtube oder die Youtube-Kids-App sind keine geeignete Plattform für Kinder in diesem Alter.

3. Smartphones und andere elektronische Geräte (Controller für PS4, Xbox u. a., Notebook, Tablet) sollten nachts nicht im Kinderzimmer sein.

4. Auf die Alterskennzeichnung „USK ab 0“, „USK ab 6“ kann man sich nicht verlassen – auch Erwachsene haben Zugang zu diesen

---

[77] https://www.law4school.de/

Spielen und in Kinderspielen wird Werbung für Spiele gezeigt, die sich an weitaus ältere Kinder richtet.

5. Legen Sie gemeinsam mit Ihrem Kind Regeln für die Mediennutzung für alle Familienmitglieder fest – http://mediennutzungsvertrag.de – und seien Sie offen für Wahrnehmungen Ihres Kindes Ihre Mediennutzung betreffend.

6. WhatsApp-Kontakte auf dem Handy meines Kindes: Lassen Sie sich regelmäßig von Ihrem Kind erklären, mit wem es dort Kontakt hat. Kinder nehmen leichtfertig Kontaktanfragen an, auch wenn jemand z. B. ihre Handynummer einfach weitergegeben hat. Nutzen Sie dieses Gespräch, um Ihr Kind auch auf die Risiken hinzuweisen, wenn ältere Personen zu ihnen Kontakt aufnehmen. Richtige Reaktion auf Kontaktanfragen von Unbekannten auf WhatsApp: Blockieren und in der Kontaktliste löschen – auf keinen Fall zurückschreiben.

7. Sagen Sie Ihrem Kind, dass Sie immer für Ihr Kind da sind, egal was dort über die neuen Medien passiert – und dass Sie Ihrem Kind Internet und Smartphone nicht verbieten werden.

8. Seien Sie sich auch als Eltern bewusst, dass auch wir Erwachsenen durch die Nutzung der neuen Medien schnell zu Straftätern werden können – Stichwort: Recht am eigenen Bild.

9. Auch Ihr Kind hat ein Recht am eigenen Bild – nur weil wir Eltern sind, berechtigt uns das nicht, Fotos unserer Kinder ins Netz zu stel-

len oder ihr Foto als Profilbild zu nutzen. Fragen Sie Ihre Kinder, ob sie damit einverstanden sind. Wenn sie noch klein sind, bedeutet das nicht, dass Sie sie nicht fragen müssen. Bilder sind heute dauerhaft im Netz und Kleinkinder- oder Säuglingsbilder können Kindern später peinlich oder unangenehm sein. Zudem besteht die Möglichkeit, dass Fremde die Bilder kopieren und missbrauchen.

10. Youtube-Kanal: Lassen Sie Ihr Kind ohne Webcam mit Bildschirmaufnahmen starten. Lassen Sie Ihr Kind die Videos nicht direkt öffentlich hochladen. Dann können Sie sie vorher gemeinsam anschauen und beurteilen, ob sie o. k. sind bzw. Einwände mit Ihrem Kind besprechen. Erst danach darf Ihr Kind sie öffentlich stellen. Abonnieren Sie den Kanal Ihres Kindes und verfolgen Sie likes und dislikes. Besprechen Sie dies mit Ihrem Kind und achten Sie darauf, wie es mit diesen Rückmeldungen umgeht.

11. Tiktok: Richten Sie das Profil gemeinsam mit Ihrem Kind ein: https://www.schau-hin.info/sicherheit-risiken/tiktok-musically-mehr-sicherheit-fuer-kinder https://www.youtube.com/watch?v=vXWhPsFHErY&list=PL6C_wY6dWQLZy7q3fsFFNI8Y3qcxUI9Gk&index=22&t=0s Nutzen Sie den „begleiteten Modus“: https://newsroom.tiktok.com/de-de/der-begleitete-modus-von-tiktok Jugendschutz.net zu Tiktok: https://fis.jugendschutz.net/fileadmin/user_upload/Snippet_News_Dokumente/PraxisInfo_TikTok_2020.pdf [78]

---

[78] www.law4school.de

5 Evidenzbasierte Kriminalprävention

Kriminalprävention ist eine gesamtgesellschaftliche Aufgabe und umfasst die Gesamtheit aller staatlichen und privaten Bemühungen zur Verhütung von Kriminalität.[79] Sie gliedert sich in die universelle, die Allgemeinheit betreffende Prävention, wenn z. B. in Schulprojekten Gewalt thematisiert wird und sowohl potentielle Opfer als auch Täter sensibilisiert werden. Die zweite Stufe, die selektive Kriminalprävention, welche an gefährdeten Orten sowie Opfern und Tätern ansetzt, beinhaltet u. a. die Veränderung der Tatgelegenheitsstruktur. Im Bereich der indizierten Kriminalprävention kann nach der Tat Kriminalprävention betrieben werden, wenn z. B. ein Opfer in einer Opferberatungsstelle über die Rechte informiert wird oder die Spuren in der Opferambulanz gesichert werden.[80]

Die allgemeinen Standards für Kriminalprävention[81] beschreiben die Anforderungen an Präventionsangebote und gliedern sich in verschiedene Aspekte. Die positive Ausrichtung bedeutet, dass die präventive Arbeit positive Inhalte aufweisen und Rahmenbedingungen darstellen soll. Das Bewusstsein für ein Zeichen gegen Gewalt zu fördern, erfüllt dieses Kriterium. Die Zielgruppenorientierung beinhaltet, dass präventive Angebote inhaltlich und methodisch auf die Zielgruppe ausgerichtet sein sollen. Die Lebenswelt junger Menschen ist medial auf die Smartphone-Nutzung sowie die Nutzung

---

[79] Vgl. Schwind, H.-D. (2021): Kriminologie, Eine praxisorientierte Einführung mit Beispielen, 24. Auflage., Heidelberg u. a., S.77 ff.

[80] Meier, B.-D. (2021): Kriminologie, 6. Auflage., München, S. 295-296

[81] Vgl. Dietsch, W., Gloss, W. (2005): Handbuch der polizeilichen Jugendarbeit, Prävention und kriminalpädagogiche Jugendarbeit, Boorberg-Verlag, Stuttgart u. a. S. 146 ff., Haas, U. I., 2008:46 ff.

des Internets ausgerichtet. 99 % der 12- bis 19-Jährigen verfügen über ein Smartphone, ebenso viele über einen Computer/Laptop sowie Internetzugang.[82] Die wichtigsten Apps auf dem Smartphone von Jugendlichen sind laut JIM-Studie WhatsApp, Instagram, Snapchat, YouTube und Spotify. Die beste Wirkung wird im universellen Bereich erzielt, d. h., der schulische Kontext ist zu priorisieren. „Prävention kann nur durch kontinuierliche Maßnahmen erfolgreich verlaufen, da Einstellungsänderungen und Verhaltensänderungen dauerhafte Prozesse darstellen. Außergewöhnliche Einzelmaßnahmen sind weniger wirksam als wiederholte und aufeinander aufbauende Handlungen."[83] Durch die modulare Konzeption der Webinare 5. und 6. Jahrgangsstufe, 7. bis 9. Jahrgangsstufe sowie über die 10. Klasse wird insbesondere dieser Anforderung entsprochen. Die Abstimmung dieses präventiven Konzeptes (Widerspruchsfreiheit) soll durch die beteiligten Institutionen gelingen, indem Eltern und Schulsozialarbeiter*innen sowie Lehrkräfte beteiligt werden.

Lösungsmöglichkeiten für präventive Arbeit sollen sich an den Ursachen orientieren. Die Viktimisierungsrate wurde in vielen Forschungen beschrieben und für Mecklenburg-Vorpommern im Rahmen der Schüler*innenbefragungen in den Städten Neubrandenburg und Rostock erhoben. Der Werteorientierung soll entsprochen werden, indem Grenzen und Rechte transparent gemacht werden und Wege nach Viktimisierung als Orientierungshilfen aufgezeigt werden. Die

---

[82] JIM-Studie 2023

[83] Haas, U. I. (2008): Tertiäre Kriminalprävention durch Sport? Die Polizei als Akteur kommunaler Kriminalprävention, Verlag für Polizeiwissenschaften, Frankfurt/Main, S. 47.

Einbeziehung der Teilnehmenden erfolgt über den Unterricht. Das Präventionsprojekt wurde in 2022/23 wissenschaftlich begleitet/evaluiert. Das Evaluationsdesign wird im Methodenkapitel beschrieben. Es handelt sich um einen opfer- und täter*innenorientierten Präventionsansatz, welcher universell (alle Schüler*innen in weiterführenden Schulen) ansetzt.

Im Rahmen der Evaluation werden die Effekte des Präventionsangebotes wissenschaftlich untersucht. Evaluation ist ein Prozess, „[...] bei dem nach zuvor festgelegten Zielen und explizit auf den Sachverhalt bezogenen und begründeten Kriterien ein Evaluationsgegenstand bewertet wird. Dies geschieht unter Zuhilfenahme sozialwissenschaftlicher Methoden durch Personen, welche hierfür besonders qualifiziert sind. Das Produkt des Evaluationsprozesses besteht in der Rückmeldung verwertbarer Ergebnisse in Form von Beschreibungen, begründeten Interpretationen und Empfehlungen an möglichst viele Beteiligte und Betroffene, um den Evaluationsgegenstand zu optimieren und zukünftiges Handeln zu unterstützen“.[84]

Die Idee der evidenzbasierten Kriminalprävention betont die Wichtigkeit einer wissenschaftlichen Begleitung zur Überprüfung der Zielerreichung.[85] Armborst (2018:9) beschreibt den idealtypischen Verlauf evidenzbasierter Kriminalprävention in vier Phasen:

---

[84] Döring, N., Bortz, J. (2016): Forschungsmethoden und Evaluation in den Sozial- und Humanwissenschaften, Springer-Verlag, 5. Auflage, S. 979.

[85] Bubenitschek, G., Greulich, R., Wegel, M. (2014): Kriminalprävention in der Praxis, Grundlagen der Kriminalistik, Band 50, Kriminalistik-Verlag, Heidelberg, S. 44.

Phase 1	Phase 2	**Phase 3**	Phase 4
Grundlagenforschung Bewertung und Einstufung empirischer Befunde Praxisempfehlungen	Gezielte Beeinflussung kriminogener Faktoren Entwicklung von Präventionsansätzen	**Evaluation Überprüfung der Effekte von Präventionsansätzen**	Evidenzbasierte Kriminalpolitik und Prävention Politische Steuerung auf Kommunal-, Länder- und Bundesebene

Tabelle 2: Phasen der evidenzbasierten Kriminalprävention, eigene Darstellung

Am Anfang steht die Untersuchung kausaler Faktoren (kriminogene und protektive), indem anhand von empirischen Studien theoretische Hypothesen gebildet werden. Daran schließt die Konzeption von Ansätzen und Programmen zur Reduzierung von Kriminalität an. Die Kunst besteht darin, die Mittel und Wege zur Verringerung des Phänomens zu finden. In der dritten Phase wird untersucht, ob die Präventionsmaßnahmen auch tatsächlich die intendierte Wirkung erzielen und ob es zu Nebeneffekten kommt. In Phase 4 fließen die Erkenntnisse aus den Phasen 1 und 3 zusammen und bilden die Grundlage für die Weiterentwicklung von Präventionsansätzen und kriminalpolitischen Entscheidungen. Evaluation von kriminalpräventiven Maßnahmen bedeutet die systematische und methodisch angeleitete Überprüfung und Beurteilung von Präventionsprojekten im Hinblick auf ihre Konzeption, Umsetzung und Wirkung. Im 2. Periodischen Sicherheitsbericht wird festgestellt: „Eine systematische Evaluation kriminalpräventiver Maßnahmen, Projekte, Initiativen usw. findet bislang in der Regel nicht statt, ist aber auf Dauer erforderlich, wenn tatsächlicher Fortschritt auf gesicherter Grundlage erreicht werden soll".[86] Dieser Ansatz folgt dem sog. Beccaria-Standard, welcher die Problembeschreibung mit der Analyse der Entstehungsbedingungen an den Anfang setzt. Darauf folgt die Festlegung von Präventionszielen, Projektzielen und Zielgruppen. Anschließend erfolgt die Festlegung von Maßnahmen für die Zielerreichung mit der Projektkonzeption. Danach kann mit der Projektdurchführung begonnen werden. Während des Prozesses erfolgt die Überprüfung von Projektumsetzung und Zielerreichung des Projektes. Zum Abschluss werden Schlussfolgerungen abgeleitet und das Projekt wird in einer Dokumentation zusammengefasst.[87]

In Deutschland sind Wirkungsevaluationen relativ selten. Die Grüne Liste Kriminalprävention ist als Quelle mit dem höchsten Qualitätsanspruch anzusehen. In der Online-Datenbank werden nur wirkungsevaluierte Programme aufgenommen und nach der Aussagekraft der jeweiligen Evaluationsstudie bezüglich ihrer Effektivität bewertet. Entscheidend für die Bewertung sind das Erhebungsdesign und die Beweiskraft. Der vom Bundeskriminalamt als Online-Datenbank publizierte Infopool Kriminalitätsbekämpfung „ist eine von den Polizeien der Länder und des Bundes gemeinsam konzipierte Anwendung zur Dokumentation problemorientierter, ganzheitlich angelegter polizeilicher Praxiskonzepte".[88] Das Konzept sieht vor, dass die Präventionsakteure auf bereits evaluierte „best practice"- Projekte zugreifen. Diese Forschung wird an das Design der Evaluation des Projekts Medienhelden angelehnt, da es sich um ein

---

[86] Bundesministerium des Innern, Bundesministerium der Justiz 2006:455.
[87] www.beccaria.de.
[88] BKA Infopool http://www.bka.de.

wirksames Projekt handelt, dessen Effektivität nachgewiesen worden ist. Über das Programm Polizeiliche Kriminalprävention der Länder und des Bundes (ProPK) sollen die Bevölkerung, Multiplikator*innen, Medien und andere Beteiligte in der Prävention über Erscheinungsformen der Kriminalität und die Möglichkeiten zu deren Verhinderung aufgeklärt werden. Dies geschieht durch Öffentlichkeitsarbeit und die Herausgabe von Medien. Örtliche Polizeidienststellen sollen in ihrer kriminalpräventiven Arbeit unterstützt werden. ProPK hat bereits im Jahr 2009 eine Arbeitshilfe für die Evaluation zur Qualitätssicherung polizeilicher Präventionsprojekte herausgegeben.[89] Die Stiftung Deutsches Forum für Kriminalprävention (DFK) wurde im Jahr 2001 gegründet und hat sich zum Ziel gesetzt, Kriminalprävention in allen Aspekten zu fördern. Sie ist als Bindeglied zwischen Wissenschaft, Praxis und Politik zu sehen und fördert die Kooperation und Vernetzung der unterschiedlichen Präventionsakteure und setzt sich für die Verbesserung der Lebenssituation und Entwicklungsbedingungen von Kindern und Jugendlichen im Sinne einer Basisprävention ein. Im Jahr 2014 wurde das Webportal „Wegweiser Prävention"[90] entwickelt, das den Weg zu Präventionsprogrammen weist, die evaluiert sind.[91]

Der Leitfaden Entwicklungsförderung und Gewaltprävention für junge Menschen gibt Impulse für die Auswahl und Durchführung wirksamer Programme.[92] Soziale Trainingsprogramme (Programme zur

[89] Vgl. Klotter, Mayer 2018:95 ff.
[90] http://www.wegweiser-praevention.de.
[91] Daniel 2018:101-103.
[92] Vgl. Stiftung DfK 2018

Förderung sozialer Kompetenzen von Kindern und Jugendlichen, Erlernen von Problemlösungsfähigkeiten, Emotionsregulierung, Sozialverhalten), Elterntrainingsprogramme (Programme zur Förderung der Erziehungskompetenz, positives Elternverhalten), familienorientierte Frühintervention (allgemeine Entwicklungsförderung der Kinder, elterliche Erziehungsberatung, Hilfe bei Bildungsübergängen pp.) sowie schulbezogene Maßnahmen (soziales Lernen im schulischen Kontext, Etablierung von Schulregeln gegen Mobbing und Gewalt) haben sich als wirksam erwiesen.[93]

In der „Grüne Liste Prävention“ werden nach den Auswahl- und Bewertungskriterien für die CTC Programm - Datenbank des Landespräventionsrat Niedersachsen geprüfte Projekte veröffentlicht.[94] In Anlehnung an die CTC Datenbank werden die folgenden Eigenschaften als Leitlinie für die Beurteilung des Projekts betrachtet, die Wirksamkeit des Projekts wird durch die nachfolgend dargestellte Evaluationsstudie überprüft.[95]

Es handelt sich um einen übergreifenden Ansatz, da eine direkte Verhaltensprävention auf individueller Ebene bei der Schüler*innen erfolgt und sowohl der Wissenszuwachs im Bereich der Strafbarkeit sowie der Interventions- und Hilfemöglichkeiten angestrebt wird, als auch die Verbesserung des Schulklimas. Die Methodik der Webinare ist adressatengerecht und bezieht die Teilnehmer*innen interaktiv ein, indem online Fragen beantwortet werden. Die

---

[93] Vgl. ebd.:30.
[94] https://www.gruene-liste-praevention.de/communities-that-care/Media/Grne_Liste_Bewertungskriterien.pdf
[95] https://www.gruene-liste-praevention.de/nano.cms/datenbank/leitlinien

Webinare sind inhaltlich auf die unterschiedlichen Klassenstufen ausgelegt und bauen auf einander auf. Sie werden ab 5. Klassenstufe angeboten. Neben Webinaren für Schüler*innen werden auch Elternabende und Webinare für Schulsozialarbeiter*innen und Lehrer*innen angeboten, um insbesondere Eltern auf die Gefahren und die Interventions- und Unterstützungsmöglichkeiten aufzuklären. Die Webinare sind ressourcenorientiert, da sie die gleichzeitige Teilnahme mehrerer Klassen deutschlandweit ermöglichen. Das Projekt verbessert das Schulklima und fördert die Beziehungen der Schüler*innen untereinander sowie der Schüler*innen zu den Lehrer*innen und Schulsozialarbeiter*innen. Das Projekt berücksichtigt die individuellen Bedürfnisse der Schüler*innen und regt diese zum Austausch und Diskussion an. Die Hauptakteurin und Juristin Gesa von Schwerin wird durch ein Expertenteam des Vereins Prävention 2.0 unterstützt. [96]

Die Wirksamkeit des Projekts wurde in der nachfolgend dargestellten Evaluationsstudie untersucht. Die onlinegestützten prä-, post-, und follow-Up-Befragungen wurden in Interventions- und Kontrollgruppen deutschlandweit durchgeführt. Die Ausführungen werden tabellarisch zusammengefasst.

---

[96] Weissberg, R.P., Kumpfer, K.L., Seligman, M.E.P. (2003): Prevention That Works for Children and Youth. An Introduction, American Psychologist, 58 (6/7), S. 425-432

Übergreifender Ansatz	direkte Verhaltensprävention auf individueller Ebene/ Kenntnisgewinnung von Strafbarkeit/ Grenzen sowie Interventionsmöglichkeiten Verbesserung des Schulklimas Verbesserte Wahrnehmung von Unterstützern/ Bystandern Einbeziehung von Eltern
Methodenvielfalt	Webinare mit praktischer Anwendungen (Online), Einbeziehung der Teilnehmer*innen, interaktiv Anregung/Förderung der Diskussion
Ausreichende Intensität	Webinare inhaltlich für die jeweilige Klassenstufe 5/6. Klasse, 7.-9. Klasse, ab 10. Klasse konzipiert, diese bauen aufeinander auf („Booster-Sessions"), Einstieg auch zu einem späteren Zeitpunkt möglich
Theoriegesteuert	Ursachen von Cybermobbing (Risiko- und Schutzfaktoren) werden thematisiert
Positiver Beziehungsaufbau	Förderung der Beziehungen der Schüler*innen untereinander sowie zu den Lehrer*innen und Schulsozialarbeiter*innen (Bystanderpotential)
Passender Zeitpunkt	Projektstart ab 5. Klasse, Mediennutzungsverhalten lt. JIM-Studie in dem Alter gegeben
soziokulturell zutreffend	Berücksichtigung der individuellen Bedürfnisse der Schüler*innen sowie des schulischen Kontext
Wirkungsevaluation	Prä-, Post-, Follow-Up-Befragungen in Interventions- und Kontrollguppen deutschlandweit durchgeführt.
Personal	Die Juristin Gesa von Schwerin führt die Webinare durch. Sie wird von einem Expertenteam (Schulsozialarbeiter, Kriminologin, IT-Experte) unterstützt.

Tabelle 3: Darstellung der CTC Leitlinien

6 Evaluationsstudie

Ziel der Evaluation ist es, die Wirksamkeit des Angebots von Law4school zu quantifizieren. Hierfür ist es essentiell, vorab Kriterien zu identifizieren, anhand derer die Wirksamkeit beurteilt werden kann. Nach der Sichtung vergleichbarer nationaler und internationaler Präventionsprojekte gegen Cybermobbing in der Adoleszenz wird schnell klar, dass eine direkte Reduktion des komplexen Phänomens ausgesprochen unrealistisch ist. So konnten in einer Metastudie von Ng et al. (2022) geringe Wirksamkeiten von den aufgenommenen Projekten bezüglich der Reduktion von Cybermobbingverhalten nachgewiesen werden. Insbesondere ist in diesem Zusammenhang darauf hinzuweisen, dass es sich hierbei um Interventionen handelt, die über einen längeren Zeitraum von mehreren Tagen oder Wochen erfolgen. Demgegenüber handelt es sich bei den Webinaren von Law4school um ein niederschwelliges Angebot, das nur wenige Stunden inklusive Planung und Durchführung in Anspruch nimmt. Allgemein gilt jedoch, dass schulweite Programme größere Effekte aufweisen als klassenbezogene Interventionen.[97]

Zudem handelt es sich bei Cybermobbing um kein Phänomen, das ausschließlich im Schulkontext stattfindet, sondern räumlich und zeitlich unbegrenzt auftreten kann. Demzufolge wird der potenzielle Effekt eines schulischen Präventionsangebots durch andere Umweltfaktoren, wie das soziale Umfeld, überschattet.

---

[97] Vgl. Gaffney et al., 2021, Zych et al., 2017

Das Projekt beinhaltet primär Fragebogenuntersuchungen mit Schüler*innen ab der 5. Klasse, die eine wissensbasiertes Präventionsmaßnahme absolvieren. Die Maßnahme fokussiert darauf, Wissen über Recht und Unrecht im digitalen Raum zu vermitteln und mögliche straf- und zivilrechtliche Konsequenzen bei missbräuchlichem Verhalten aufzuzeigen. Die Befragung wurde über Endgeräte der Teilnehmenden und der teilnehmenden Schulen als Online-Befragung realisiert.

Im Rahmen des Forschungsvorhabens wurde untersucht, welchen Einfluss eine wissensbasierte Prävention auf objektive und subjektive Parameter des Wohlbefindens, der Selbstwirksamkeit und Täter- und Opfererfahrungen von Adoleszenten hat. Dazu wurden als Prädiktoren soziodemografische Daten wie subjektiver Sozialstatus, Alter und Geschlecht, als Kovariaten habituelle Aggression, Mediennutzung, Empathie und allgemeine Selbstwirksamkeitserwartungen und als Zielkriterien Cybermobbingerfahrungen und Handlungsintentionen, Einstellung und Schulnoten erfasst.

Eine altersadäquate Fragebogenbatterie wurde nach der Pilotierungsphase finalisiert. Eine zusammenfassende Übersicht aller zu erfassenden Konstrukte befindet sich in der folgenden Tabelle.

Prädiktoren	Kovarianten	Zielkriterien
Soziodemografische Daten (Alter, Geschlecht, im Haushalt lebende Personen, subjektiver Sozialstatus, Migrationshintergrund, Alltagssprache, Behinderung) Zugang zu neuen Medien	1. Medienbezogene Empathie 2. Empathie 3. Glaube an die „Gerechte Welt" 4. Soziale Erwünschtheit 5. Allgemeine Selbstwirksamkeit 6. Mobbingbezogene Selbstwirksamkeitserwartung von Lehrkräften 7. Aggression (Ärger, verbal, physisch, Misstrauen) 8. Motive der Internetnutzung 9. Soziale Norm (deskriptiv, präskriptiv) 10. Olweus Bullying Questionnaire 11. Unterrichtsklima	1. Cyber-Bullying Erfahrung 2. Einstellung und Intentionen zu Bullying und Coping-Strategien 3. Wissensfragen zu Recht und Unrecht im Internet und rechtlichen Konsequenzen und Handlungsoptionen 4. Wohlbefinden / Lebensqualität 5. Spezifische Selbstwirksamkeit (täter- und opferspezifisch) 6. Schulnoten (Mathe, Deutsch)

Tabelle 4: Übersicht der erfassten Variablen

Das Webinar soll primär über Cybermobbing und Rechte im Internet aufklären und somit die Lebensrealität von Schüler*innen reflektieren, die einen erheblichen Teil ihrer Zeit im Internet bzw. mit vernetzten Anwendungen verbringen. Gleichzeitig ist aus Handlungstheorien abzuleiten, dass Cybermobbing als Verhalten von der Einstellung der Schüler*innen selbst und ihres sozialen Umfeldes abhängt im Vergleich zu der Kontrollgruppe nach dem Webinar ($B_{Gruppe*Phase}$ = -0.13, 95 % CI [-0.26, -0.01], t(2479) = -2.15; R_m^2 = .003, R_c^2 =.587).

Zum anderen wirkt das Webinar auch positiv auf sekundäre Kriterien wie die durch die Schüler*innen empfundene Unterstützung durch ihre Lehrkräfte ($B_{Gruppe*Phase}$ = = 0.17, 95 % CI [0.03, 0.30], t (2479) = 2.37; R_m^2 = .007, R_c^2 =.607). Eine Wirkung des Webinars nach zwei Monaten auf das Cybermobbingverhalten bzw. auf Inzidenzen konnte hingegen erwartungsgemäß nicht festgestellt werden. Nichtsdesto-trotz stellt das Angebot von Law4school – gerade auch in Hinblick auf niedrigschwellige Verfügbarkeit, Zeitaufwand und Anpassungsfähigkeit auf aktuelle Entwicklungen (Apps, Rechtslage) – ein geeignetes Werkzeug dar, um Schüler*innen über Cybermobbing zu informieren und darüber hinaus Veränderungsprozesse im Klassenkontext anzustoßen.

Die kontinuierliche Weiterentwicklung ist ein zentraler Bestandteil in der Qualitätssicherung des Programms. In diesem Rahmen wird nun mit einer groß angelegten wissenschaftlichen Studie angestrebt, die Wirksamkeit des Angebots zu überprüfen und wichtige Erkenntnisse zum Entstehen und Verhindern von Cybermobbing zu sammeln.

6.1 Projektablauf

Entsprechend der Zielstellung gestaltet sich der Projektablaufplan in drei Schritte, zu denen (1) die Analyse der Fachliteratur sowie von objektiven Daten aus der polizeilichen und der Teilnahmestatistik des Angebots, (2) die Planung und Durchführung einer bundesweiten randomisierten Erhebung an Schulen zur Überprüfung der Wirksamkeit des Präventionsangebots und (3) das Verfassen der Abschlussberichte zählen.

Zu Beginn der betrachteten Periode wurden durch Studierende der FHöVPR Seminararbeiten zum Themenkomplex Cybermobbing aus polizeilicher Perspektive vorgelegt und diese Erkenntnisperspektive wurde in das Evaluationsprojekt integriert. Die Ergebnisse der erfolgten kognitiven Interviews flossen in die Gestaltung des Fragebogeninstruments. Der gleichzeitig durchgeführte technische Prätest ermöglichte es zudem, den Untersuchungsablauf zu optimieren und die Datenintegrität sicherzustellen. Der online-gestützte Fragebogen wurde hierbei über die SoSci-Survey-Plattform realisiert.[98]

Mit vorliegendem finalem Instrumentarium wurde bei der zuständigen Ethikkommission der Universitätsmedizin Rostock ein Antrag eingereicht und ein positives Votum (03.03.2022) wurde eingeholt. Dies diente als Grundlage für die nächste Stufe der Rekrutierung, welche darin bestand, bei den zuständigen Kultusministerien der Länder die Durchführung der Evaluationsstudie formal zu beantra-

[98] Leiner, D. J. (2023). SoSci Survey (Version 3.5.00) [Computer Software]. Verfügbar unter https://www.soscisurvey.de

gen. Dies beinhaltete, abermals detailliert das Forschungsdesign darzulegen und auf länderspezifische Anforderungen einzugehen. Hierbei musste bezüglich der Homogenität der Datenstruktur und Wirtschaftlichkeit des Projekts einerseits und den abzusehenden Stichprobengrößen pro Bundesland andererseits abgewogen werden. Im Zeitraum vom 19.08.2022 bis zum 23.01.2023 erhielt das Projekt Genehmigungen aus zehn Bundesländern, in denen sodann die öffentlichen Schulen zur Teilnahme eingeladen werden konnten. Im August und September 2022 wurde zunächst auf eine gezogene Zufallsstichprobe aller Schulen der bis dahin vorliegenden Länder zurückgegriffen und an diese wurden Vorabanmeldungseinladungen geschickt. Aus den sich ergebenen Rückläufen war jedoch abzulesen, dass die anvisierte Zielstichprobengröße nur durch die Berücksichtigung aller Schulen zu erreichen ist, auf die die Rekrutierung sodann ausgeweitet wurde. Die für die Rekrutierung notwendigen Adressdaten wurden zum Teil aus öffentlichen Quellen abgerufen. Zusätzlich wurde ein entsprechendes Register erworben und durch manuelle Recherche ergänzt und aktualisiert, sodass schlussendlich im Rahmen der Studie über 7.700 Schulen kontaktiert werden konnten.

Die angeschriebenen Schulen erhielten im Erstkontakt eine Einladung zur Teilnahme, die durch die offizielle Genehmigung ihrer Länder und eine Informationsbroschüre zum Evaluationsprojekt ergänzt wurden. Das gewählte Studiendesign sah dabei vor, dass sich interessierte Schulen vorab für die Studie über ein spezifisches Formular unverbindlich registrieren konnten, um sich ihre Teilnahme zu sichern. Die randomisierte Zuordnung zur Wartekontroll- oder Interventionsgruppe erfolgte erst, wenn sich die Lehrkräfte für einen bestimmten Termin im Rahmen der Studie auf der Website von Law4school anmeldeten.

Insgesamt füllten 304 Schulen das unverbindliche Vorabanmeldungsformular aus. Von diesen äußerten wiederum 49.7 % ein Teilnahmeinteresse an der Evaluationsstudie und gaben an, in Summe 250 Klassen anmelden zu wollen. Neben dem Teilnahmeinteresse wurde in dem Formular auch abgefragt, ob es an der Schule bereits Cybermobbingvorfälle gab und ob Cybermobbingprogramme an der Einrichtung durchgeführt werden. Ein Großteil der Schulen bejahte beides, wobei es in über 79,8 % der Fälle zu Cybermobbing kam, jedoch nur 60,1 % an dezidierten Präventionsprogrammen teilnehmen. Mit Aufmerksamkeit auf die sich abzeichnende Unterversorgung in 19,7 % der Fälle lässt sich hier ein erster Hinweis für die Relevanz eines niederschwelligen Präventionsangebots wie Law4school finden. Zudem ist darauf hinzuweisen, dass primär Schulen mit Cybermobbing-erfahrung Interesse an der Studie zeigten χ^2 (1, n = 287) = 40,121, p < ,001. Die Chance der Teilnahme mit Cybermobbingerfahrung ist OR = 8,886 CI 95 % [4,159; 18,987] höher als eine Teilnahme ohne vorliegende Cybermobbingerfahrung.

	Cybermobbingvorfälle		
Teilnahmeinteresse	nein	ja	Summe
nein	49	87	136
ja	9	142	151
Summe	58	229	287

Tabelle 5: Kontingenztabelle der Vorabanmeldung der Schulen, eigene Darstellung

Eine mögliche Erklärung für die Ungleichverteilung von Interventionsgruppe und Kontrollgruppe mag darin zu finden sein, dass, wie eingangs ausgeführt, primär Schulen mit Cybermobbingerfahrungen ihr Interesse bekundeten. Es ist zu vermuten, dass sich diese eine zeitnahe Durchführung eines Webinars wünschten, um auf aktuelles Cybermobbing zu reagieren. Dieser Motivation steht die Zuordnung in die Kontrollgruppe entgegen, sodass für den aktuellen Bedarf eine Teilnahme unattraktiv für die Schulen erscheint und diese deswegen vorzeitig die Teilnahme beenden.

6.2 Forschungsmodell

Cybermobbing wird im Rahmen der Arbeit als gezielte Handlung verstanden, deren Zustandekommen mit der Theorie des geplanten Verhaltens erklärt werden kann[99] [100]. Demnach bildet sich aus einem Zusammenspiel von Einstellung, Norm und subjektive Verhaltenskontrolle die Intention, ein Verhalten ausführen zu wollen, welche wesentlich dafür verantwortlich ist, dass das Verhalten auch gezeigt

[99] Heirman, W., Walrave, M., "Predicting Adolescent Perpetration in Cyberbullying: An Application of the Theory of Planned Behavior", 2012, 8.

[100] Pabian, S., Vandebosch, H., "Using the Theory of Planned Behaviour to Understand Cyberbullying: The Importance of Beliefs for Developing Interventions", European Journal of Developmental Psychology 11, Nr. 4 (4. Juli 2014):463-77, https://doi.org/10.1080/17405629.2013.858626.

wird, sofern eine tatsächliche Handlungskontrolle vorliegt[101]. Bezogen auf Cybermobbing bedeutet das, dass, wenn Cybermobbing positiv von den Schüler*innen selbst (Einstellung) und ihrem Umfeld (Norm)[102] bewertet wird und zudem eine Tatgelegenheit und das eigene Vermögen zum Cybermobbing (Verhaltenskontrolle) besteht, wahrscheinlicher der Entschluss gefasst wird auch tatsächlich zu mobben und dieser auch umgesetzt wird. Es ist darauf hinzuweisen, dass die subjektive und tatsächliche Verhaltenskontrolle insbesondere beim Cybermobbing durch die allgemeine Verfügbarkeit von Informationstechnologien und der Zugang zu entsprechenden Anwendungen in einem hohen Maß vorliegen.

Cybermobbing stellt einen erheblichen Belastungsfaktor dar[103]. Das Belastungs-Beanspruchungs-Konzept legt nahe, dass die negativen Auswirkungen (Beanspruchung) - wie herabgesetztes psychisches Wohlbefinden - durch Ressourcen eingegrenzt werden können[104].

---

[101] Ajzen,I., "The theory of planned behavior", Organizational behavior and human decision processes 50, Nr. 2 (1991):179-211.

[102] Nickerson, A. B. u. a., "The Role of Personal and Perceived Peer Norms in Bullying and Sexual Harassment Perpetration.", School Psychology 37, Nr. 3 (Mai 2022):236-47, https://doi.org/10.1037/spq0000498.

[103] Zych, I., Baldry, A. C., Farrington, D. P., "School Bullying and Cyberbullying: Prevalence, Characteristics, Outcomes, and Prevention", in *Handbook of Behavioral Criminology*, hg. von Vincent B. Van Hasselt und Michael L. Bourke (Cham: Springer International Publishing, 2017): 113-38, https://doi.org/10.1007/978-3-319-61625-4_8; Sara Pabian und Heidi Vandebosch, "Perceived Long-Term Outcomes of Early Traditional and Cyberbullying Victimization among Emerging Adults", *Journal of Youth Studies* 24, Nr. 1 (2. Januar 2021):91-109, https://doi.org/10.1080/13676261.2019.1695764.

[104] Eisermann, J., De Costanzo, E., *Die Erfassung von Mobbing: eine Konstruktvalidierung aktueller Datenerhebungsverfahren; Forschung Projekt F 2128* (Dortmund Berlin Dresden: BAuA, 2011).

Diese können individuell persönliche und soziale Ressourcen[105] sein. Ein Beispiel für Ersteres stellen Handlungskompetenzen und Wissen dar, etwa wie man mit Cybermobbing umgeht, es dokumentiert und an wen man sich wenden kann. Soziale Ressourcen hingegen sind andere Personengruppen (Freunde, Familie, Lehrkräfte), die im Falle von Cybermobbing unterstützen können, indem sie eigene Handlungskompetenzen und Wissen bereitstellen (Einmischung, sozialer Beistand, Aufklärung, Aufarbeitung im Klassenkontext).

Das zentrale Kriterium zur Beurteilung der Wirksamkeit des Webinars stellt die erreichte Reduktion des tatsächlichen Cybermobbings in den Klassen dar. Um diese angemessen zu quantifizieren, wurde das Prä-Post-Follow-Up-Design gewählt und sowohl Täter- als auch Opferseite bezüglich spezifischer Cybermobbingerfahrungen befragt (via E(C)BIPQ[106] [107]). Im Sinne einer zielgruppenorientierten Betrachtungsweise wurden die Schüler*innen anhand ihrer Cybermobbingerfahrung in der Baseline-Messung typisiert und in eine der vier möglichen Gruppen zugeordnet (Bystander, Täter, Op-

---

[105] Del Rey, R., Ortega-Ruiz, R., Casas, J., "Asegúrate: An Intervention Program against Cyberbullying Based on Teachers' Commitment and on Design of Its Instructional Materials", *International Journal of Environmental Research and Public Health* 16, Nr. 3 (2. Februar 2019): 434, https://doi.org/10.3390/ijerph16030434.

[106] Herrera-López, M., u. a., "Validation of the European Cyberbullying Intervention Project Questionnaire for Colombian Adolescents", *Cyberpsychology, Behavior, and Social Networking* 20, Nr. 2 (Februar 2017): 117–25, https://doi.org/10.1089/cyber.2016.0414.

[107] Willisch, A., Wolgast, A., Donat, M., Skalendokumentation „Cyber-Bullying unter Studierenden", 22. November 2021, https://doi.org/10.25673/39605.2.

fer, Täter-Opfer)[108]. Da es sich bei dem Webinar um ein Präventionsangebot gegen Cybermobbing handelt, wurde insbesondere dessen Wirkung auf die Entwicklung von Cybermobbing in der Bystander-Gruppe untersucht.

Zusätzlich zu der Viktimisierung wurden entsprechend der angenommenen Wirkweise der Intervention weitere Kriterien formuliert. Diese beziehen sich insbesondere auf den wahrgenommenen Schweregrad[109] von Cybermobbing für Betroffene, über den aufgeklärt werden soll, sowie die Veränderung in der sozialen Umwelt der Schüler*innen. Da es sich bei Cybermobbing um eine Form von relationaler Aggression handelt, die darauf abzielt, das Opfer im sozialen Umfeld abzuwerten, ist es besonders wichtig, diese mit abzubilden. Zum einen wird hierfür auf die zwei Unterformen der sozialen Normen zurückgegriffen. Die deskriptive Norm entspricht hierbei dem bei anderen beobachtbaren, tatsächlichen Verhalten. Die präskriptive oder auch injunktive Norm entspricht hingegen den sozial anerkannten Handlungen. Somit stellt die deskriptive Norm dar, wie sich andere verhalten, und die präskriptive Norm, wie man handeln sollte. Zum anderen wird auch das soziale Umfeld als Schutzfaktor angesehen, wenn es als Ressource genutzt werden kann, um Cybermobbing zu begegnen.

---

108 Sharkey J.-D. u. a., "Psychosocial Functioning of Bullied Youth Who Adopt versus Deny the Bully-Victim Label.“, *School Psychology Quarterly* 30, Nr. 1 (März 2015):91-104, https://doi.org/10.1037/spq0000077.

109 Witte, K., "Predicting Risk Behaviors: Development and Validation of a Diagnostic Scale“, Journal of Health Communication 1, Nr. 4 (Oktober 1996): 317-42, https://doi.org/10.1080/108107396127988.

Unmittelbar für die Schüler*innen erreichbar im Klassenkontext und von zentraler Bedeutung ist hierbei die Lehrkraft, deren Verfügbarkeit als soziale Unterstützung gemessen wurde (via angepasstem MSPSS[110]). Bezogen auf die Auswirkungen von Cybermobbing wurde zusätzlich das psychische Wohlbefinden der Schüler*innen erfasst (via WHO5[111]).

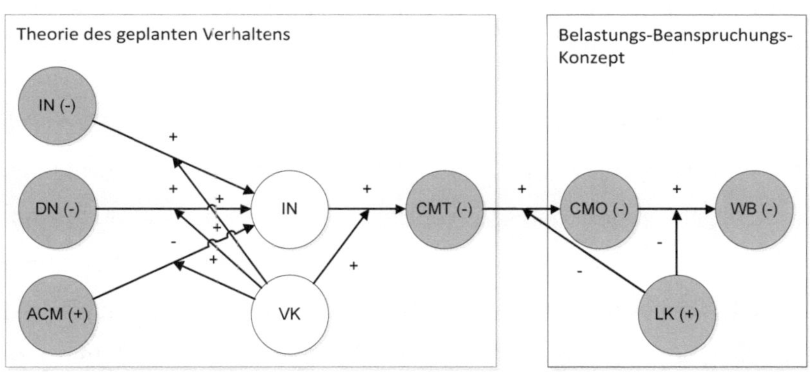

IN = Injunktive Norm, DN = Deskriptive Norm, ACM = Auswirkungen Cybermobbing, VK = (wahrgenommene) Verhaltenskontrolle, CMT = Cybermobbing (Täter*in), CMO = Cybermobbing (Opfer), LK = Lehrkräfte, WB = psychisches Wohlbefinden, +/- = Richtung des Effekts, (+)/(-) = Untersuchte Hypothese Wirkung Webinar → Kriterium

Abbildung 2: Forschungsmodell, eigene Darstellung

Das in Abbildung 2 dargestellte Forschungsmodell fasst diese Wirkmechanismen zusammen. Es wird auch deutlich, dass im Rahmen dieser Arbeit von der Untersuchung der Verhaltensabsicht und der Verhaltenskontrolle abgesehen wird. Dies ist damit zu begrün-

---

[110] Currie C. u. a., "HBSC STUDY PROTOCOL 2013-14“, 2014, 225.

[111] Winther Topp Ch. u. a., "The WHO-5 Well-Being Index: A Systematic Review of the Literature“, Psychotherapy and Psychosomatics 84, Nr. 3 (2015):167-76, https://doi.org/10.1159/000376585.

den, dass allgemein eine hohe Verhaltenskontrolle durch die einfache Verfügbarkeit der Tatmittel und -gelegenheiten gegeben ist. Ebenso ist fraglich, inwieweit es vor dem Hintergrund von sozialer Erwünschtheit möglich ist, die Verhaltensabsicht für Cybermobbing unverzerrt abzubilden. Da es sich um eine Evaluation der Wirksamkeit und nicht der Wirkung bzw. Wirkungsweise des Webinars handelt, werden ausschließlich die direkten Effekte der Intervention auf die Kriterien – und nicht die Zusammenhänge der Kriterien untereinander – untersucht.

6.3 Datenauswertung

Mit Abschluss der Phase 3 am 01.12.2023 liegen 4.549 vollständig ausgefüllte Fragebögen vor, von denen Prüfung auf Careless Response Parameter 3.305 als qualitativ hochwertig zu bezeichnen sind. Da es für die statistischen Analysen darüber hinaus notwendig ist, dass von den Schüler*innen ihre Rolle in Bezug auf Cybermobbing (Bystander, Täter*in, Opfer, Täter*in-Opfer) bekannt ist, verringert sich der Datensatz auf 2.740 Fälle. Es werden daher Daten aus 110 Klassen aus 65 Schulen von 1.368 Schüler*innen mittels (generalisierter) gemischter Modelle ausgewertet, wobei eine hierarchische Struktur mit mehreren Ebenen vorlag. Um diese abzubilden, wurden die einzelnen Messungen (Ebene 1) in Personen (Ebene 2), Klassen (Ebene 3) modelliert. Die Stichprobe besteht zum Erhebungszeitpunkt 1 (Baseline – vor dem Webinar) aus überwiegend weiblichen Personen (56.65 %) in einem Durchschnittsalter von 12.81 Jahren (SD = 1.78, Min = 9, Max = 20).

	Geschlecht & Alter in Baseline (Phase 1)		
	männlich (N=593)	weiblich (N=775)	Total (N=1368)
Alter			
Mean (SD)	12.821 (1.674)	12.808 (1.858)	12.814 (1.780)
Range	9.000 - 20.000	10.000 - 20.000	9.000 - 20.000

Tabelle 6: Geschlecht und Alter

Der Migrationshintergrund der Teilnehmenden betrug zudem 6.51 %. Insgesamt beteiligten sich in der Baseline (Phase 1) 1.368 Klassen an der Evaluation. Die Auswertung der Webinarstufen zeigt, dass 60 % der Klassen der Jahrgangsstufen 7 bis 9 angehören und ein Drittel der Klassen 5 und 6. Die Klassen 10+ sind in dieser Studie mit 7,2 % unterrepräsentiert.

Webinarstufen in Baseline (Phase1)	
	Overall (N=1368)
Webinarstufe	
Klassen 5 bis 6	451 (33.0 %)
Klassen 7 bis 9	819 (59.9 %)
Klassen 10+	98 (7.2 %)

Tabelle 7: Verteilung der Webinarstufen, eigene Darstellung

Insgesamt haben sich zehn Bundesländer an der Studie beteiligt. Die Verteilung auf die Bundesländer zeigt, dass die meisten Schüler*innen aus dem Bundesland Schleswig-Holstein (21,5 %) kommen, gefolgt von Niedersachsen mit 18,6 % und Sachsen-Anhalt mit 15,6 %.

Bundesländer in Baseline (Phase1)

	Overall (N=1368)
Bundesland	
Baden-Württemberg	111 (8.1 %)
Hessen	150 (11.0 %)
Mecklenburg-Vorpommern	136 (9.9 %)
Niedersachsen	255 (18.6 %)
Nordrhein-Westfalen	190 (13.9 %)
Rheinland-Pfalz	19 (1.4 %)
Sachsen-Anhalt	213 (15.6 %)
Schleswig-Holstein	294 (21.5 %)

Tabelle 8: Verteilung in den Bundesländern, eigene Darstellung

Die Schüler*innen wurden zur Form des Cybermobbings befragt. Es hat sich gezeigt, dass die Tatalternative „Jemand hat entweder über Text- oder Onlinenachrichten anderen gegenüber gemeine Dinge über mich gesagt" mit 20 % am häufigsten vorkommen, gefolgt von „Jemand hat mit Hilfe von Text oder Onlinenachrichten gemeine Dinge zu mir gesagt oder mich beschimpft" mit 19,1 %. In 14,5 % der Fälle wurden im Internet oder in Chatgruppen Gerüchte über die Person verbreitet und die Handlungsform „Ich wurde von anderen in einem sozialen Online Netzwerk oder einem Internet Chatroom ausgeschlossen oder ignoriert" wurde in 13,2 % der Fälle durchgeführt.

In 9 % der Fälle hat jemand peinliche Videos oder Bilder von den Betroffenen online gepostet.

Einzeldelikte Viktimisierung in Baseline (Phase1)

	Overall (N=2740)
Jemand hat mit Hilfe von Text- oder Onlinenachrichten gemeine Dinge zu mir gesagt oder mich beschimpft.	
N-Miss	6
nein	2213 (80.9 %)
ja	521 (19.1 %)
Jemand hat entweder über Text- oder Onlinenachrichten anderen gegenüber gemeine Dinge über mich gesagt.	
N-Miss	5
nein	2191 (80.1 %)
ja	544 (19.9 %)
Jemand hat mich über Text- oder Onlinenachrichten bedroht.	
N-Miss	6
nein	2595 (94.9 %)
ja	139 (5.1 %)
Jemand hat sich in meinen Account gehackt und persönliche Informationen gestohlen (z. B. durch den E-Mail-Account oder den Account in sozialen Netzwerken im Internet).	
N-Miss	5
nein	2655 (97.1 %)
ja	80 (2.9 %)
Jemand hat sich in meinen Account gehackt und sich für mich ausgegeben (z. B. durch den E-Mail-Account oder den Account in sozialen Netzwerken im Internet).	
N-Miss	5
nein	2669 (97.6 %)
ja	66 (2.4 %)
Jemand hat einen gefälschten Account eingerichtet und sich als mich ausgegeben (z. B. auf Facebook oder Instagram).	
N-Miss	5
nein	2669 (97.6 %)
ja	66 (2.4 %)
Jemand hat online persönliche Informationen über mich gepostet.	
N-Miss	6
nein	2558 (93.6 %)
ja	176 (6.4 %)
Jemand hat peinliche Videos oder Bilder von mir online gepostet.	
N-Miss	7
nein	2487 (91.0 %)
ja	246 (9.0 %)
Jemand hat Bilder oder Videos von mir verändert, die ich	

	Overall (N=2740)
online gepostet hatte.	
N-Miss	7
nein	2633 (96.3 %)
ja	100 (3.7 %)
Ich wurde von anderen in einem sozialen Online-Netzwerk oder einem Internet-Chatroom ausgeschlossen oder ignoriert.	
N-Miss	5
nein	2373 (86.8 %)
ja	362 (13.2 %)
Jemand hat im Internet oder in Chatgruppen Gerüchte über mich verbreitet.	
N-Miss	6
nein	2337 (85.5 %)
ja	397 (14.5 %)

Tabelle 9: Handlungsformen Viktimisierung, eigene Darstellung

Die Schüler*innen wurden weiter zu ihrer Rolle in dem Kontext befragt und es zeigt sich, dass über die Hälfte (57,4 %) Bystander sind, 34,7 % Opfer von Cybermobbing geworden sind und nur ein geringer Anteil sich als Cybermobbing-Täter sieht, der Anteil der Cybermobbing- Opfer und -Täter ist mit 6,7 % etwas höher. Die folgende Tabelle zeigt diese Auswertung im Detail:

Cybermobbingrollen in Baseline (Phase1)

	Overall (N=1368)
Cybermobbingrolle	
Bystander	785 (57.4 %)
Cybermobbing-Täter	17 (1.2 %)
Cybermobbing-Opfer	475 (34.7 %)
Cybermobbing-Täter-Opfer	91 (6.7 %)

Tabelle 10: Cybbermobbingrolle, eigene Darstellung

Die Auswertung der Viktimisierungsraten zeigt, dass der Anteil der Opfer von Cybermobbing in der Kontrollgruppe in allen Phasen höher liegt als in der Interventionsgruppe. Durchschnittlich liegt die Viktimisierungsrate bei 37,8 %, nach der Intervention sinkt diese auf 33 % bzw. 31 % ab. In der Kontrollgruppe liegt der Wert zu Beginn bei 47,2 %, sinkt zwar ab im Laufe der Zeit, bleibt jedoch bei 42,6 % und 36,1 %. Damit zeigt sich in der Betrachtung der Viktimisierungsrate ein positiver Effekt.

Cybermobbing Viktimisierung über alle Phasen und Untersuchungsgruppen

	Phase1 Kontroll-gruppe (N=422)	Phase2 Kontrollgruppe (N=216)	Phase3 Kontrollgruppe (N=166)	Phase1 Interventionsgruppe (N=946)	Phase2 Interventionsgruppe (N=564)	Phase3 Interventionsgruppe (N=426)	Total (N= 2740)
nein	223 (52,8 %)	124 (57,4%)	106 (63,9%)	579 (61,2%)	377 (67,0%)	294 (69,0%)	1703 (62,2 %)
ja	199 (47,2%)	92 (42,6%)	60 (36,1%)	367 (38,8%)	186 (33,0%)	132 (31,0%)	1036 (37,8 %)

Tabelle 11: Viktimisierungsraten über alle Phasen, eigene Darstellung

6.4 Wirkungsmessung

Bezüglich der Cybermobbingerfahrung liegt der Anteil der Viktimisierten bei 41,37 % und die der Täter*innen bei 7,89 %. Auffällig ist zudem, dass signifikant weniger Cybermobbing-Opfer in der Interventionsgruppe im Vergleich zu der Kontrollgruppe bereits vor der Intervention vorliegen (χ^2 (1) = 8.07, p = .005). Dieser Umstand ist wahrscheinlich durch Selbstselektionseffekte zu erklären, da Klassen nach der zufälligen Zuteilung in die Untersuchungsbedingungen systematisch ihre Beteiligung an der Studie einstellen konnten. Durch das Vorliegen dieses Ungleichgewichts wird deutlich, dass die Überprüfung der Wirksamkeit des Präventionsprogramms nicht wie in der Literatur üblich mittels einfachem χ^2-Test an der Gesamtstichprobe erfolgen sollte, da es sonst zu invaliden Schlussfolgerungen kommen kann. Würde man diesen Umstand ignorieren, würde die Wirksamkeit vornehmlich aufgrund schon einer vorher vorhandenen günstigen Ausgangssituation angenommen werden. Allerdings ist es in dieser Situation durch die geeignete Methodenwahl (generalisierte gemischte Modelle) dennoch möglich, statistisch valide die Effekte des Webinars zu bewerten.

Wie in Tabelle 4 ersichtlich, wirkt das Webinar unabhängig von der Webinarstufe und der Rolle der Teilnehmenden nach sechs Monaten sowohl positiv auf die wahrgenommenen (negativen) Auswirkungen durch Cybermobbing als auch auf die deskriptive Norm. Das heißt, Schüler*innen sehen nach sechs Monaten im Vergleich zu der Kontrollgruppe Cybermobbing als schwerwiegender an und beschreiben, dass in ihrem Umfeld weniger Cybermobbing durchgeführt wird.

	Auswirkungen von Cybermobbing				Deskriptive Norm				Injunktive Norm			
Unabhängige Variable	*Schätzer*	*SE*	*CI*	*p*	*Schätzer*	*SE*	*CI*	*p*	*Schätzer*	*SE*	*CI*	*p*
(Konstante)	4.796	0.057	4.685 – 4.907	**<0.001**	1.369	0.072	1.228 – 1.510	**<0.001**	1.348	0.051	1.248 – 1.448	**<0.001**
Webinarstufe [Klassen 7 - 9]	-0.161	0.049	-0.256 – -0.065	**0.001**	0.191	0.064	0.066 – 0.315	**0.003**	0.174	0.046	0.083 – 0.265	**<0.001**
Webinarstufe [Klassen 10+]	-0.080	0.089	-0.254 – 0.094	0.366	0.106	0.115	-0.119 – 0.332	0.354	0.205	0.082	0.043 – 0.366	**0.013**
Rolle in Baseline [Cybermobbing-Täter]	-0.531	0.157	-0.838 – -0.224	**0.001**	1.064	0.190	0.692 – 1.436	**<0.001**	0.672	0.116	0.445 – 0.898	**<0.001**
Rolle in Baseline [Cybermobbing-Opfer]	-0.119	0.039	-0.196 – -0.043	**0.002**	0.524	0.047	0.432 – 0.616	**<0.001**	0.167	0.029	0.110 – 0.223	**<0.001**
Rolle in Baseline [Cybermobbing-Täter-Opfer]	-0.704	0.077	-0.855 – -0.553	**<0.001**	1.381	0.092	1.201 – 1.561	**<0.001**	0.823	0.056	0.713 – 0.933	**<0.001**
Phase [nach 2 Monaten]	0.032	0.057	-0.079 – 0.143	0.571	-0.011	0.061	-0.130 – 0.108	0.857	-0.024	0.037	-0.096 – 0.049	0.525
Phase [nach 6 Monaten]	-0.131	0.063	-0.254 – -0.007	**0.038**	-0.009	0.068	-0.142 – 0.124	0.892	0.062	0.041	-0.019 – 0.142	0.135
Gruppe [IG]	0.003	0.054	-0.103 – 0.109	0.955	0.040	0.068	-0.093 – 0.174	0.555	-0.014	0.048	-0.109 – 0.081	0.777
Phase [nach 2 Monaten]× Gruppe [IG]	0.006	0.067	-0.126 – 0.137	0.934	-0.116	0.072	-0.257 – 0.025	0.106	-0.003	0.044	-0.088 – 0.083	0.948
Phase [nach 6 Monaten]× Gruppe [IG]	0.177	0.074	0.031 – 0.323	**0.017**	-0.211	0.080	-0.368 – -0.054	**0.008**	-0.063	0.049	-0.159 – 0.032	0.193
Random Effects												
σ^2	0.41				0.46				0.17			
τ_{00}	0.19 Schüler*innen				0.34 Schüler*innen				0.13 Schüler*innen			
	0.02 Klassen				0.04 Klassen				0.03 Klassen			
ICC	0.34				0.45				0.48			
N	1368 Schüler*innen				1368 Schüler*innen				1368 Schüler*innen			
	110 Klassen				110 Klassen				110 Klassen			
Observations	2740				2740				2740			
Marginal R^2 / Conditional R^2	0.059 / 0.377				0.167 / 0.544				0.142 / 0.550			
AIC	6326.378				6967.570				4265.941			

Tabelle 12: Wirkung des Webinars auf Einstellung und Norm, eigene Darstellung

Im Hinblick auf die Opferwerdung wirkt das Webinar positiv. Dies allerdings nur, wenn ausschließlich die Gruppe der bisher unbeteiligten Bystander untersucht wird (Tabelle 5).

	Viktimisierung (alle Rollen)				Viktimisierung (Bystander)			
Unabhängige Variable	*Schätzer*	*SE*	*CI*	*p*	*Schätzer*	*SE*	*CI*	*p*
(Konstante)	-2.104	0.191	-2.478 – -1.729	**<0.001**	-1.645	0.372	-2.375 – -0.916	**<0.001**
Webinarstufe [Klassen 7 - 9]	0.384	0.124	0.141 – 0.626	**0.002**	0.514	0.259	0.006 – 1.021	**0.047**
Webinarstufe [Klassen 10+]	0.247	0.224	-0.193 – 0.686	0.271	0.353	0.510	-0.647 – 1.352	0.489
Rolle in Baseline [Cybermobbing-Täter]	0.479	0.458	-0.419 – 1.377	0.296	0.608	0.736	-0.836 – 2.051	0.409
Rolle in Baseline [Cybermobbing-Opfer]	3.509	0.200	3.117 – 3.902	**<0.001**				
Rolle in Baseline [Cybermobbing-Täter-Opfer]	3.817	0.305	3.219 – 4.414	**<0.001**				
Phase [nach 2 Monaten]	-0.200	0.240	-0.670 – 0.271	0.406				
Phase [nach 6 Monaten]	-0.514	0.268	-1.039 – 0.010	0.055	-0.768	0.401	-1.553 – 0.018	0.055
Gruppe [IG]	-0.200	0.169	-0.531 – 0.130	0.235	-0.839	0.339	-1.503 – -0.174	**0.013**
Phase [nach 2 Monaten]× Gruppe [IG]	-0.183	0.286	-0.745 – 0.378	0.523				
Phase [nach 6 Monaten]× Gruppe [IG]	-0.036	0.318	-0.659 – 0.588	0.911	0.960	0.476	0.028 – 1.892	**0.044**
Random Effects								
σ^2	3.29				3.29			
τ_{00}	0.02 Schüler*innen				2.09 Schüler*innen			
ICC	0.01				0.39			
N	1368 Schüler*innen				538 Schüler*innen			
Observations	2739				842			
Marginal R^2 / Conditional R^2	0.497 / 0.500				0.027 / 0.405			
AIC	2177.510				826.347			

Tabelle 13: Wirkung des Webinars auf die Viktimisierung, eigene Darstellung

Demnach sind Personen, die zu Beginn der Untersuchung noch keinerlei Cybermobbingerfahrungen direkt ausgesetzt waren, nach Besuchen des Webinars im Vergleich zur Kontrollgruppe weniger wahrscheinlich viktimisiert worden. Es ist darauf hinzuweisen, dass sich dieser globale positive Effekt nach sechs Monaten aufhebt und die ehemaligen Bystander in der Interventionsgruppe nun häufiger Cybermobbing erfahren, jedoch immer noch weniger, als wenn sie das Webinar nicht besucht hätten.

Die Wahrnehmung der sozialen Unterstützung durch die Lehrkräfte zeigt sich wie folgt:

Soziale Unterstützung durch Lehrkräfte über alle Phasen und Untersuchungsgruppen

	Phase1 Kontroll gruppe (N=422	Phase2 Kontroll gruppe (N=216	Phase3 Kontroll gruppe (N=166	Phase1 Interven-tionsgrup -pe (N=946)	Phase2 Interven-tionsgrup -pe (N=564)	Phase3 Interven-tionsgrup-pe (N=426)	Total (N=27 40)
Mean SD	3.341 (1.161)	3.328 (1.211)	3.367 (1.232)	3.479 (1.142)	3.585 (1.165)	3.606 (1.173)	3.481 (1.169
Range	1.000 - 5.000	1.000 - 5.000	1.000 - 5.000	1.000 - 5.000	1.000 - 5.000	1.000 - 5.000	1.000 - 5.000

Tabelle 14: Soziale Unterstützung durch Lehrkräfte, eigene Darstellung

Verknüpft man die bisherigen Ergebnisse mit dem dargestellten Umstand, so ist festzustellen, dass alle Schüler*innen sechs Monate nach dem Webinar mehr soziale Unterstützung durch ihre Lehrkräfte empfanden und diese eher als Ressource bei eigenen Problemen ansahen (beta = 0.17, 95 % CI [7.69e-04, 0.35], t(2726) = 1.97, p = 0.049) und dass bereits vor dem Webinar viktimisierte Schüler*innen sechs Monate nach dem Webinar ein signifikant höheres psychisches Wohlbefinden im Vergleich zu Cybermobbing-Opfern aus der Kontrollgruppe berichten ((beta = 0.23, 95 % CI [0.03, 0.42], t(2726) = 2.26, p = 0.024).

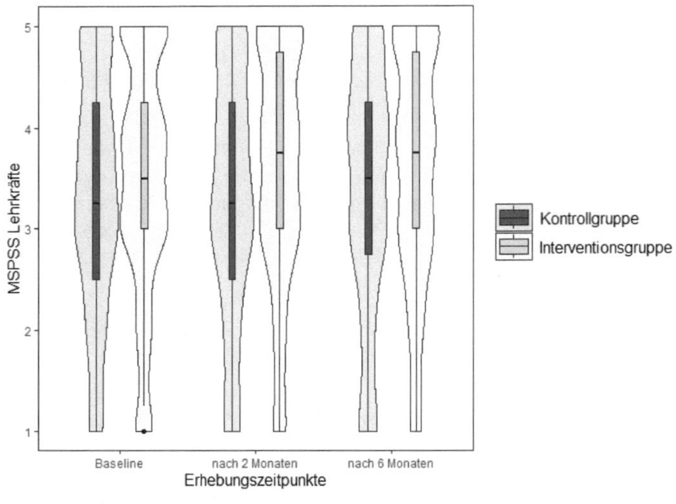

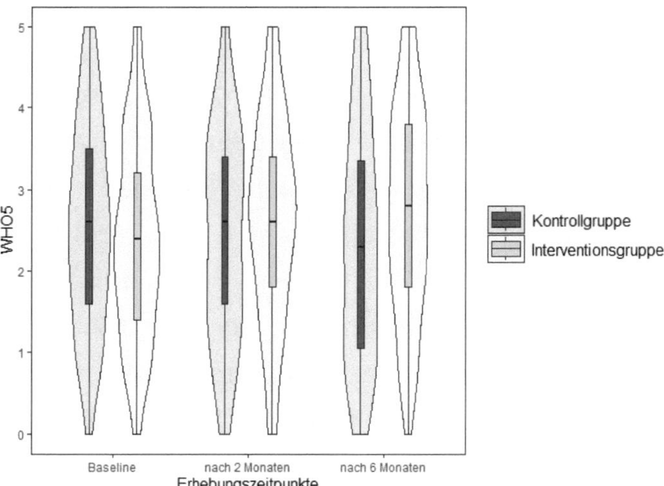

Abbildung 3: Wirkung des Webinars auf die soziale Unterstützung, eigene Darstellung

Verknüpft man die bisherigen dargestellten Ergebnisse, so gelangt man zu dem Schluss, dass das Präventionsangebot als wirksam einzustufen ist. Dies ist insbesondere beachtlich, da es sich um eine sehr kurze Intervention handelt, für welche eine Wirksamkeit für gewöhnlich nicht nachgewiesen werden kann[112].

Neben der Wahrnehmung der sozialen Unterstützung durch die Lehrkräfte wurde auch ein Effekt auf das psychische Wohlbefinden festgestellt. Die Daten zeigen den folgenden Effekt:

Psychisches Wohlbefinden über alle Phasen und Untersuchungsgruppen für alle Cybermobbingrollen

	Phase1 Kontrollgruppe (N=422	Phase2 Kontrollgruppe (N=216	Phase3 Kontrollgruppe (N=166	Phase1 Interventionsgruppe (N=946)	Phase2 Interventionsgruppe (N=564)	Phase3 Interventionsgruppe (N=426)	Total (N=2740)
WHO5							
Mean (SD)	3.784 (1.256)	3.757 (1.260)	3.710 (1.373)	3.740 (1.208)	3.872 (1.246)	3.874 (1.222)	3.795 (1.241)
Range	1.000 - 6.000	1.000 - 6.000	1.000 - 6.000	1.000 - 6.000	1.000 - 6.000	1.000 - 6.000	1.000 - 6.000

Tabelle 15: Psychisches Wohlbefinden für alle Cybermobbingrollen, eigene Darstellung

Die folgende Tabelle veranschaulicht den positiven Effekt auf das psychische Wohlbefinden der Schüler*innen, welche zuvor von Cybermobbing betroffen waren:

---

112 Zych, Baldry, und Farrington, "School Bullying and Cyberbullying“.

Psychisches Wohlbefinden über alle Phasen und Untersuchungsgruppen für Cybermobbing-Opfer

	Phase1 Kontrollgruppe (N=167)	Phase2 Kontrollgruppe (N=85)	Phase3 Kontrollgruppe (N=58)	Phase1 Interventionsgruppe (N=308)	Phase2 Interventionsgruppe (N=187)	Phase3 Interventionsgruppe (N=139)	Total (N=944)
WHO 5							
Mean (SD)	3.546 (1.244)	3.421 (1.265)	3.300 (1.423)	3.366 (1.205)	3.626 (1.220)	3.725 (1.280)	3.503 (1.251)
Range	1.000 - 6.000	1.000 - 6.000	1.000 - 6.000	1.000 - 6.000	1.000 - 6.000	1.000 - 6.000	1.000 - 6.000

Tabelle 16: Psychisches Wohlbefinden der Cybermobbing-Opfer, eigene Darstellung

Im Rahmen dieser Evaluation wurde die Wirksamkeit des Angebots von Law4school aus der Perspektive der Prävention untersucht und als positiv beurteilt. Neben den im Detail berichteten primären Kriterien zur Wirksamkeitsbeurteilung der Webinare wurden auch weitere relevante sekundäre Kriterien (etwa zur wahrgenommenen Wirksamkeit von rechtlichen Maßnahmen oder der Absicht, diese in Anspruch nehmen zu wollen, erhoben. Hierbei zeigten sich bezogen auf die Gesamtstichprobe hingegen keine Effekte. Es ist daher anzunehmen, dass die Wirkung des Webinars hauptsächlich auf dem Aufklärungsaspekt im Sinne einer Primärprävention beruht und nicht über die spezifischen rechtlichen Aspekte im Hinblick auf eine juristischen Bearbeitung aufklärt. Es soll vielmehr ein Überblick verschafft werden, was Cybermobbing ist, wie gefährlich es sein kann und wie dieses Verhalten rechtlich einzuordnen ist. Darüber hinaus steigt die Wahrnehmung der sozialen Unterstützung sowie des psychischen Wohlbefindens.

Auf der generierten Datengrundlage aufbauend ist es denkbar, wie im Forschungsmodell skizziert, die Wirkungsweise des Webinars detailliert zu beleuchten und allgemeine Mechanismen des Cybermobbings aufzudecken, die für weitere Präventionsangebote genutzt werden können.

6.5 Bystanderintervention

Beim Cybermobbing gibt es neben den Tätern und Opfern auch noch diejenigen, die es mitverfolgen und beobachten. In dieser Untersuchung waren über die Hälfte der Befragten sog. Bystander. „Sie beteiligen sich meist nicht aktiv an dem Geschehen, aber bieten dem Cyber-Täter einen Raum für sein Handeln, indem sie beispielsweise dessen Beiträge ‚liken', weiterverbreiten oder es auch einfach nur beobachten. Sie greifen oftmals nicht ein und helfen daher dem Cyber-Opfer eher selten."[113] Diverse Autoren betonen, dass es von großer Bedeutung ist, die Faktoren herauszufinden, von denen es abhängig ist, dass ein sog. Bystander (Beobachter) bei einem Cybermobbingvorfall eingreift und dem Opfer zur Seite steht.[114]

Die sog. Bystander können durch ein Einschreiten zugunsten des Opfers eine weitere Viktimisierung verhindern bzw. die Folgen mil-

---

[113] Peter, I.-K., Petermann, F. (2018): Cybermobbing im Kindes- und Jugendalter, Hogrefe, Göttingen, S. 45.

[114] Vgl. ebd., Bündnis gegen Cybermobbing e.V., 2014 a

dern.[115] Bystander sind u. a. Schulkamerad*innen oder Freund*innen. Die Bystanderintervention bei Cybermobbingvorfällen wird nach dem Entscheidungsmodell für Hilfeverhalten von Latané und Darley (1970) durch mehrere Elemente beeinflusst. Bevor Bystander aktiv werden und bereit sind Hilfe zu leisten, müssen sie (1) auf die Notlage aufmerksam werden, (2) ein Eingreifen für notwendig halten, (3) sich für die Intervention verantwortlich fühlen sowie (4) überlegen, auf welche Art sie helfen und (5) diese Reaktion auch umsetzen.[116] Diese Elemente haben sich in unterschiedlichen Ausprägungen in der Untersuchung gezeigt. Die Schüler*innen wurden aufgefordert, Freitextantworten auf die folgenden Fragen zu geben: Die erste Frage „Warum hast Du dich rausgehalten?“ haben 633 Schüler*innen beantwortet. Bei fast einem Drittel war die Angst vor negativen Konsequenzen handlungsleitend. Diese Schüler*innen wollten keinen Ärger oder Stress bzw. hatten Angst, selbst Opfer von Mobbing zu werden. Für ebenfalls ca. ein Drittel der Schüler*innen war die mangelnde soziale Verantwortung handlungsleitend. Diese Schüler*innen halten ein Eingreifen nicht für notwendig bzw. fühlen sich für die Intervention nicht verantwortlich. Circa 10 % der Schüler*innen hat keine Kenntnis erhalten, d. h., sie wurden nicht auf die Notlage aufmerksam. Mangelnde Kompetenzen für die Umsetzung der Intervention gaben nur zwölf Schüler*innen als

---

[115] Vgl. Katzer, C. (2014): Cybermobbing. Wenn das Internet zur Waffe wird, Berlin, Heidelberg, S. 170-173; Bundesministerium des Innern, für Bau und Heimat, Bundesministerium der Justiz und für Verbraucherschutz (2021): 3. Periodischer Sicherheitsbericht, Berlin, S. 120-133.

[116] Vgl. Latané, B., Darley, J. M. (1970): The unresponsive bystander: Why doesn’t he help? New York: Appleton-Century-Crofts.

Motiv an. Die Gründe mangelnde Erfolgsaussicht und Rechtsunsicherheit wurden ebenfalls von jeweils zehn Schüler*innen für das Nichteinschreiten genannt.

Warum hast Du Dich rausgehalten? **Ich habe mich rausgehalten, weil ...** (Mehrfachnennungen möglich)	**Anzahl** N=633
Angst vor negativen Konsequenzen ... ich Angst habe, sonst gemobbt zu werden/nicht mit Mobbern anlegen, ... ich keinen Ärger/Stress brauche, ... keine Lust auf Stress/Ärger	199
Mangelnde soziale Verantwortung ... es mich nichts angeht, ... es nicht mein Problem ist, ... ich mich nicht dafür interessiere, ... keinen Bock, mir egal, ... man sich nicht einmischt, ... man sich raushält, ... ich nichts damit zu tun haben will, ... ich nicht gemobbt wurde,... es mich nicht betrifft	196
Kenntniserlangung/Wahrnehmung der Situation ... ich nichts davon mitbekommen habe, es nicht wusste	83
Eigener Opferstatus ... ich selbst gemobbt werde/wurde, ... ich das Opfer war	19
Ablehnung ... ich es nicht gut finde, wenn andere mobben, ich Mobbing blöd und gemein finde	18
Online-Kontext .. ich kein Handy habe,... ich nicht im Klassenchat bin, ... ich kein WhatsApp habe, ... nicht in Gruppen schreibe	18
Mangelnde Kompetenzen/Handlungsstrategien ... ich nicht wusste, was ich tun soll	12
Mangelnde Tatbeteiligung ... ich nicht mitgemacht habe/nicht mitmachen wollte	12
Eigene Tatbeteiligung ... ich mitgemacht habe	11
Mangelnde Erfolgsaussicht ... es sowieso nichts bringt	10
Rechtsunsicherheit ... ich mir nicht sicher war, ob es Mobbing war	10
Sonstiges	
... es nichts Ernstes war	9
... die Personen sollen es selbst klären	9
... ich hatte Angst, dass es schlimmer wird	9
Weiß nicht/Idk	4
... ich schüchtern bin/traue mich nicht	4

Tabelle 17: Gründe für „Raushalten“, mangelnde Bystanderintervention

Aktuelle wissenschaftliche Befunde zeigen, dass sich die Bystander in vier Kategorien einteilen lassen. Die Außenseiter agieren aus den beschriebenen Gründen nicht und akzeptieren die Situation. Diejenigen, die sich als Bystander eingemischt haben (sog. Verteidiger) versuchen, das Cybermobbing zu beenden, indem sie in die Situation eingreifen. Sie melden die Situation Dritten, interagieren mit dem Täter oder trösten das Opfer[117]. Diese wurden gefragt, wie sie agiert haben. 151 Schüler*innen haben dazu Freitextantworten gegeben. Ein Drittel hat das Opfer unterstützt, indem es angesprochen bzw. ihm geholfen wurde bzw. es wurde verteidigt. 44 Schüler*innen haben den Mobbern gesagt, dass sie aufhören sollen bzw. die Folgen verdeutlicht. 25 Schüler*innen (ein Sechstel) haben Lehrkräfte bzw. Schulsozialarbeiter*innen kontaktiert. Kontaktaufnahme mit den Eltern bzw. anderen Erwachsenen gaben fünf Schüler*innen an.

Wie hast Du Dich genau eingemischt? **Ich habe mich eingemischt, indem ich ...**	**Anzahl** **N=151**
Opfer unterstützt Ich habe das Opfer angesprochen, geholfen, unterstützt, ich habe die gemobbte Person beschützt/verteidigt	55
Mobber kontaktiert Ich habe den Mobbern gesagt, dass sie aufhören sollen, die Klappe halten sollen, man Bilder nicht weiterleitet, das Bild gelöscht werden soll, klar gemacht, wie schlimm Mobbing ist	44
Schule informiert An eine*n Lehrer*in/Schulsozialarbeiter*in gewandt	25
Ich habe versucht, es zu klären, wollte den Streit beenden, nach den Gründen gefragt	12
Mit meinen Eltern/vertrauten Erwachsenen gesprochen	5
Ich war das Opfer	3
Der Gruppe beigetreten, mitgeschrieben, mitgemobbt	3
Sonstiges	4

Tabelle 18: Gründe für Bystanderintervention

[117] Vgl. Peter, I.-K., Petermann, F. 2018, S. 46.

Diejenigen, die beim Cybermobbing mitgemacht haben, werden Assistenten oder Verstärker genannt. Sie unterstützen das Cybermobbing, indem sie z. B. Beiträge „liken" oder auch gemeine Nachrichten an das Opfer schicken.[118] Die Frage „Wie hast Du genau mitgemacht?" haben lediglich 23 Schüler*innen beantwortet. Circa die Hälfte der Schüler*innen hat durch gemeine Nachrichten, Beleidigungen bzw. Demütigungen das Mobbing verstärkt.

Wie hast Du genau mitgemacht? **Ich habe mitgemacht, indem ich ...**	**Anzahl** **N=23**
... Sticker/Snap geschickt habe, ... gemeine Nachrichten verschickt habe, ... gemeine Sachen über die Person gesagt habe, ... beleidigt, ausgelacht und gedemütigt habe	11
... Mitläufer war	2
... bei einer Umfrage mit abgestimmt habe	2
... nichts gesagt habe	2
... Fotos und Videos verschickt habe	1
... mitgemobbt habe	2
... geschlagen, getreten, habe	1
... aus der Gruppe ausgeschlossen habe	1
Ich war das Opfer	1

Tabelle 19: Gründe fürs „Mitmachen" beim Cybermobbing

Es hat sich insgesamt das Potential der Bystander gezeigt, d. h., deren Intervention kann Mobbing beenden bzw. mildern. Dieser Aspekt wird in den Webinaren thematisiert.

[118] Vgl. Peter, I.-K., Petermann, F. 2018, S. 46.

6.6 Inhaltsanalytische Auswertung der Lehrer*inneninterviews

Durch die Studierenden der Fachhochschule für öffentliche Verwaltung, Polizei und Rechtspflege M-V wurden Anfang 2022 insgesamt 31 leitfadengestützte Interviews mit Lehrkräften nach der Teilnahme am Webinar auf freiwilliger Basis durchgeführt. Es beteiligten sich Lehrkräfte aller Klassenstufen. Die erste Frage, wie sie von den Webinaren erfahren haben, wurde unterschiedlich beantwortet. Größtenteils haben diese von Schulsozialarbeiter*innen oder der Schulleitung davon erfahren.

Die Frage, ob und was die Lehrer*innen in dem Webinar gelernt haben, wird durch das folgende Zitat verdeutlicht: „Zunächst einmal die Sachlage, dass Mobbing ziemlich vielschichtig sein kann. Das wusste ich auch schon vorher, aber dann ist ja noch der Cyberteil, der das ganze komplexer und nochmal schwieriger macht. Insbesondere für die Betroffenen. Das ist aber auch für die in Anführungszeichen Täter*innen verständlich gemacht wird, dass sie sich mit gewissen Handlungen strafbar machen und somit belangbar sind. Dann habe ich auch neue Schutzmöglichkeiten kennengelernt und auch eben erfahren, dass die Jugendlichen, also die Teilnehmer*innen nicht genug davon wissen, über das Thema. Dass sich immer wieder herausstellt, jetzt auch nach mehreren Jahren der Teilnahme an diesem Projekt, dass die jungen Menschen nicht genug wissen darüber. Dass es da immer noch Unklarheiten gibt und dass es da auch möglich wäre, mal schnell eine Abmahnung zu kriegen oder eben auch eine Anzeige"[119]. In diesem Zitat wird der wahrgenommene Mangel an Wissen, insbesondere in Bezug auf die Konsequenzen des Cybermobbings, deutlich. Der Wissenszuwachs im Hinblick auf die Grenzen des Handels und die Interventionsmöglichkeiten wird in den Interviews betont.

Auf die Fragen „Hat sich in der Folge des Projekts ein*e Schüler*in an Sie gewandt?", „Worum ging es?" und „Welche Hilfestellung haben Sie gegeben?" wurde mehrfach geantwortet. Ein Lehrer erzählte, „dass sich eine Person nach einem Webinar, also zeitlich zwar etwas versetzt, aber dass eine Auszubildende zu mir kam und mitteilte, ja da gebe es Problematik. Sie werde über die sozialen Medien provoziert, sie werde beleidigt. Ähm, also sie werde dort ausgegrenzt und dann, dann hab ich die Situation erst mal aufgenommen. [...] Dann habe ich ihr auch Informationen gegeben, wo sie sich rechtlich befindet und welche Möglichkeiten es gäbe, sich da aus solchen Situationen zu befreien, welche Möglichkeiten es sozusagen rechtlicherseits und welche Optionen sie hier vor Ort in der Schule gäbe".[120]

Auf die Frage, was an dem Webinar positiv wahrgenommen wurde, wurde erneut der Wissenszuwachs durch das Webinar betont: „Ja, also positiv ist auf jeden Fall der Wissenszuwachs bei den Nutzern von digitalen Medien. Also das ist ein wichtiger Aspekt meines Erachtens nach. Es heißt ja, Unwissenheit schützt vor Strafe nicht und dass dann eben diese Unwissenheit reduziert wird und dass jeder

---

[119] Interview 1, ab 10. Klasse, Z. 2-14.
[120] Interview 1, ab 10. Klasse, Z. 39-47.

weiß, was er da macht. So, das finde ich halt einen wichtigen Aspekt und dann eben auch der Schutz vor Gesetzesübertretung, sowohl für Opfer und Täterinnen. Dass das Ganze dann eben auch einen präventiven Charakter hat".[121] Ein anderer Lehrer betont die „erhöhte Sensibilisierung der Schülerinnen für Straftaten, Abschreckung durch Fallbeispiele und der Wissenszuwachs".[122]

Neben der Informationsvermittlung wird die Einbeziehung der Teilnehmer*innen und die Form der Vermittlung durch Webinare hervorgehoben: „Ich bewerte es als sehr positiv, weil es eben auch Schutz vor Ausgrenzung bietet, weil es frühzeitiges intervenieren durch Kenntnis von Ansprechpartner möglich macht, weil es eben auch sensibilisiert, weil ich die Teilnehmerinnen da nochmal ne eigene Haltung zum Mobbing und zu dem was sie dort machen, zudem was sie da schreiben und was sie manchmal liken, also dass sie da einfach nochmal ne Haltung entwickeln. Auch ist es meiner Meinung nach gegen Ausgrenzung präventiv wirksam. Weil es auch so ein Stück weit sexualisierte Gewalt präventiv, also ein Stück weit angeht oder verhindert. Weil es auch gut präsentiert ist und weil Webinar auch ne sehr leichte Zugangsform ist, finde ich, um an solche Informationen kommen zu können. Weil die Teilnehmerinnen einbezogen werden. Weil es auch Interesse weckend ist, weil es dann Möglichkeiten die von Intervention aufgezeigt werden und weil sie einfach anhand von realen Beispielen agiert […]"[123.] Ein anderer

---

[121] Interview 1, ab 10. Klasse, Z. 81-89.
[122] Interview 14, 9. Klasse, Z. 11-12.
[123] Interview 1, ab 10. Klasse, Z. 101-133.

Lehrer betont „Dass die Schüler echte Informationen im Detail bekommen. Dass es für die Schüler eine deutliche Warnung ist ihr Verhalten zu überdenken und dass es auch eine große Erleichterung bei den Schülerinnen und Schülern, dass man sich eben zur Wehr setzen kann und dass man Hilfe bekommen kann und das Ganze auch Folgen haben kann. Also, dass sie nicht alleine sind, wenn so etwas passiert, sondern dass man Hilfe bekommen kann“[124].

Eine Lehrerin sieht als positiven Aspekt, dass die Webinare „Schülerinnen sensibler für die Thematik machen („wachrütteln"); auf Gefahren aufmerksam machen; positiv für Umgang miteinander“. Als negativer Aspekt wird angeführt, dass „Gefühlsausbrüche bei der Betroffenen mit Hilfeleistung und gleichzeitiger Aufsicht“ problematisch sind[125.]

Die Frage „Wie haben die Schüler*innen auf das Projekt reagiert?“ wurde ausschließlich positiv beantwortet: „Also, alle Schüler haben, das kann man wirklich sagen, haben reagiert, haben sich an Umfragen auch beteiligt, welche ich per Fragebogen gemacht hab. Der weitaus größte Teil hat das Projekt positiv bis sehr positiv bewertet“ [126]. Darüber hinaus wird die Anregung der Diskussion positiv herausgestellt.

---

[124] Interview 3, 5. Klasse, Z. 27-34.
[125] Interview 7, 7. Klasse, Z. 22-24.
[126] Interview 9, ab 10. Klasse, Z. 94-98.

Alle interviewten Lehrkräfte befürworten eine Fortführung der Webinare an ihrer Schule: „Das ist wichtig, das ist gut, das wollen wir, dass es weitergeht und seitdem ich hier an dieser Schule bin, sprechen mich da auch Lehrer drauf an, das wollen wir nochmal machen“[127].

Insgesamt wurden die Webinare von den interviewten Lehrkräften positiv bewertet. Insbesondere der Wissenszuwachs und die Sensibilisierung der Schüler*innen werden betont. Alle Befragten befürworten die Fortführung des Projekts an ihrer Schule.

7 Zusammenfassung/Fazit

Cybermobbing ist ein akutes, wachsendes Problem, es findet primär in Form von Beleidigungen sowie des Verbreitens von Gerüchten über das Internet statt. Jede*r 5. Schüler*in wurde über Internet/Handy/Smartphone verspottet, beleidigt oder beschimpft. Ebenso viele erhielten mindestens einmal gegen ihren Willen Nacktfotos oder anzügliche Angebote über das Internet (Sexting). 10 % bis 12 % wurden gegroomt, d. h., sie wurden gegen ihren Willen über Internet/Handy/Smartphone zu sexuellen Handlungen aufgefordert. Im Rahmen der JIM-Studie wurde festgestellt, dass jede*r vierte Jugendliche im Internet ungewollt auf pornografische Inhalte gestoßen ist. Jedes dritte Mädchen und jeder vierte Junge wurde 2023 im Netz schon einmal sexuell belästigt. Fast drei Viertel der Jugendlichen haben binnen eines Monats negative Erfahrungen im Internet

---

[127] Interview 1, ab 10. Klasse, Z. 151-155.

gemacht.[128] Lehrkräfte fühlen sich zu wenig auf die Thematik Cybermobbing vorbereitet und es finden zu wenig Präventionsmaßnahmen an Schulen statt.

Die Viktimisierungsraten verdeutlichen den Präventionsbedarf in Bezug auf die beschriebenen Phänomene. Kinder und Jugendliche müssen über gesetzliche und ethische Grenzen in der Online-Kommunikation aufgeklärt werden, wie z. B. das Recht am eigenen Bild und die Konsequenzen beim Verbreiten von strafbaren Inhalten. Beim Thema der freiwillig erstellten intimen Bilder („Sexting“ oder „Pornselfies“) benötigen Jugendliche Informationen und Hilfestellung zu möglichen Risiken und zum richtigen Umgang. Sie sollen befähigt werden, angemessen zu reagieren, wenn Peers illegale Inhalte in Chatgruppen verbreiten.[129] Frühzeitige und nachhaltige schulbezogene Maßnahmen haben sich in der Vergangenheit als effektiv erwiesen. Hier setzt das Präventionsprojekt Law4school an, welches in den vergangenen zwei Jahren auf die Wirksamkeit untersucht worden ist.

Im Rahmen der Evaluationsstudie wurde festgestellt, dass das Webinar unabhängig von der Webinarstufe und der Rolle der Teilnehmenden nach sechs Monaten sowohl positiv auf die wahrgenommenen (negativen) Auswirkungen durch Cybermobbing als auch auf die deskriptive Norm wirkt. Das heißt, Schüler*innen sehen

---

[128] JIM-Studie 2023 (mpfs.de), S. 52.

[129] https://www.klicksafe.de/news/verbreitung-von-pornografie-unter-jugendlichen

nach sechs Monaten im Vergleich zu der Kontrollgruppe Cybermobbing als schwerwiegender an und beschreiben, dass in ihrem Umfeld weniger Cybermobbing durchgeführt wird. Personen, die zu Beginn der Untersuchung noch keinerlei Cybermobbingerfahrungen direkt ausgesetzt waren, sind nach Besuchen des Webinars im Vergleich zur Kontrollgruppe weniger wahrscheinlich viktimisiert worden. Bereits vor dem Webinar viktimisierte Schüler*innen berichten sechs Monate nach dem Webinar ein signifikant höheres psychisches Wohlbefinden im Vergleich zu Cybermobbing-Opfern aus der Kontrollgruppe. Alle Schüler*innen empfanden sechs Monate nach dem Webinar mehr soziale Unterstützung durch ihre Lehrkräfte. Die durchgeführte Studie lässt den Schluss zu, dass das Präventionsangebot als wirksam einzustufen ist.

Im Rahmen dieser Evaluation wurde die Wirksamkeit des Angebots von Law4school aus der Perspektive der Prävention untersucht und als positiv beurteilt. Es wurde festgestellt, dass die Wirkung des Webinars hauptsächlich auf dem Aufklärungsaspekt im Sinne einer universellen Prävention beruht. Es wird primär ein Überblick verschafft, was Cybermobbing ist, wie gefährlich es sein kann und wie dieses Verhalten rechtlich einzuordnen ist. Darüber hinaus steigt die Wahrnehmung der sozialen Unterstützung sowie des psychischen Wohlbefindens der Schüler*innen nach dem Webinar.

Von den interviewten Lehrkräften wurden die Webinare positiv bis sehr positiv bewertet. Insbesondere der Wissenszuwachs, die Sensibilisierung der Schüler*innen und die Einbeziehung der Teilnehmer*innen werden positiv hervorgehoben. Alle Befragten befürworten die Fortführung des Projekts an ihrer Schule.

Perspektivisch sind eine explizite Normierung des Cybermobbings sowie eine weitere Implementierung des Präventionsprojekts Law4school zur Stärkung der Online-Kompetenzen von Kindern und Jugendlichen erstrebenswert. Didaktisch sollten Aktualität und der Wandel der Phänomene fokussiert werden.

Literaturverzeichnis

Ackermann, R. et al. (2019): Der rote Faden: Grundsätze der Kriminalpraxis. Heidelberg. Kriminalistik Verlag

Ackermann, R. et al. (2019): Handbuch der Kriminalistik. 5. Auflage. Stuttgart. Boorberg

Ajzen, I. (1991): "The theory of planned behavior". Organizational behavior and human decision processes 50, Nr. 2 S. 179-211.

Armborst, A. (2018): Einführung: Merkmale Abläufe evidenzbasierter Kriminalprävention, in: Walsh, Pniewski, Kober, Armborst (Hrsg.): Evidenzorientierte Kriminalprävention in Deutschland. Ein Leitfaden für Politik und Praxis. Wiesbaden, S. 3-20

Baldry, A. C. et al. (2015): "Am I at risk of cyberbullying?" A narrative review and conceptual framework for research on risk of cyberbullying and cybervictimization: The risk and needs assessment approach. Aggression and Violent Behavior

Barthel, Ch., Lorei, C. (2010) (Hrsg.): Empirische Forschungsmethoden, Frankfurt

Bastiaensens, S., Pabian, S., Vandebosch, H., Poels, K., Van Cleemput, K., DeSmet, A. & De Bourdeaudhuij, I. (2016): From Normative Influence to Social Pressure: How Relevant Others Affect Whether Bystanders Join, in Cyberbullying: Normative Influence on Cyberbullying Bystanders. Social Development, 25(1), Article 1. https://doi.org/10.1111/sode.12134

Beelmann, A. (2018): Entwicklungsorientierte Kriminalprävention: Wissenschaftliche Fundierung und Ergebnisse der Evaluation, in: Walsh, Pniewski, Kober, Armborst (Hrsg.): Evidenzorientierte Kriminalprävention in Deutschland. Ein Leitfaden für Politik und Praxis. Wiesbaden, S. 387-406

Bley, R., Rasch, D. (2023): Bericht zur Befragung aller Neuntklässlerinnen und Neuntklässler in der Stadt Neubrandenburg, Schriftenreihe der FHöVPR M-V, Güstrow

Bley, R., Rasch, D. (2024): Bericht zur Befragung aller Neuntklässlerinnen und Neuntklässler in der Hanse- und Universitätsstadt Rostock, Schriftenreihe der FHöVPR M-V, Güstrow, im Druck

Bubenitschek, G., Gneulich, M., Wegel, R. (2014): Kriminalprävention in der Praxis, Grundlagen der Kriminalistik, Band 50, Kriminalistik-Verlag, Heidelberg

Bundeskriminalamt (2020): Cybercrime. https://www.bka.de/SharedDocs/Downloads/DE/Publikationen/JahresberichteUndLagebilder/Cybercrime/cybercrineBundeslagebild-2020.pdf?_blob=publicationFile&v=4 (abgerufen am: 13.01.2022)

Bundeskriminalamt (2021): 3. Periodischer Sicherheitsbericht

Bundeskriminalamt (2023): Sexualdelikte zum Nachteil von Kindern und Jugendlichen, Bundeslagebild 2022

Bundeskriminalamt: Cybercrime. https://www.bka.de/DE/UnsereAufgaben/Deliktsbereiche/Cybercrime/cybercrime_node.html. (abgerufen am: 18.01.2022)

Bundesministerium des Innern, Bundesministerium der Justiz (2006): 2. Periodischer Sicherheitsbericht, Berlin

Bündnis gegen Cybermobbing (2021): Mobbing und Cybermobbing bei Erwachsenen. https://wvvw.buendnis-gegen-cybermobbing.de/fileadmin/pdf/studien/Mobbingstudie_ Erwachsene_end_2021_fin.pdf (abgerufen am: 16.01.2022)

Communities That Care (2023): Grüne Liste Prävention, die Empfehlungsliste evaluierter Präventionsprogramme, online: CTC Datenbank (gruene-liste-praevention.de)

Currie, C., Inchley, J., Molcho, M., Lenzi, M., Veselska, Z., Wild, F. (2014). "HBSC STUDY PROTOCOL 2013-14"

Daniel, St. (2018): Die Stiftung Deutsches Forum für Kriminalprävention (DFK) und ihre Arbeitsstelle Nationales Zentrum für Kriminalprävention (NZK) - Entstehungsgeschichte, Aufgaben und Perspektiven, in: Walsh, Pniewski, Kober, Armborst (Hrsg.): Evidenzorientierte Kriminalprävention in Deutschland. Ein Leitfaden für Politik und Praxis. Wiesbaden, S. 95-112

Del Rey, R., Ortega-Ruiz, R., Casas, J. (2019): "Asegúrate: An Intervention Program against Cyberbullying Based on Teachers' Commitment and on Design of Its Instructional Materials". International Journal of Environmental Research and Public Health 16, Nr. 3 (2. Fe-bruar 2019): 434. https://doi.org/10.3390/ijerph16030434.

Dietsch, W., Gloss, W. (2005): Handbuch der polizeilichen Jugendarbeit, Prävention und kriminalpädagogische Jugendarbeit, Boorberg-Verlag, Stuttgart u. a.

Doerbeck, C. (2019): Cybermobbing. Phänomenologische Betrachtung und strafrechtliche Analyse. Berlin. Duncker & Humblot

Dollinger, B. (2018): Die Konstruktion von Evidenz in der Polizeiarbeit. Implikationen und Perspektiven einer wirkungsorientierten Kriminalprävention, in: Walsh, Pniewski, Kober, Armborst (Hrsg.): Evidenzorientierte Kriminalprävention in Deutschland. Ein Leitfaden für Politik und Praxis. Wiesbaden, S. 187-204

Döring, N. (2012): Sexting; Fakten und Fiktionen über das Ausmaß erotischer Handyfotos unter Jugendlichen, in: Zeitschrift für Medienpädagogik, 56 (I), S. 47-52

Döring, N., Bortz, J. (2016): Forschungsmethoden und Evaluation in den Sozial- und Humanwissenschaften, 5. Auflage, Heidelberg

Eisermann, J., De Costanzo, E. (2011): Die Erfassung von Mobbing: eine Konstruktvalidierung aktueller Datenerhebungsverfahren; Forschung Projekt F 2128. Dortmund Berlin Dresden: BAuA.

Fawzi, N. (2009): Cyber-Mobbing. Ursachen und Auswirkungen von Mobbing im Internet. Baden-Baden: Nomos Vertragsgesellschaft/Edition Reinhard Fischer

Feierabend, S., Rathgeb, T., Kheredmand, H., & Glöckler, S. (2021): JIM 2021 Jugend, Information, Medien Basisuntersuchung zum Medienumgang 12- bis 19-Jähriger in Deutschland

Frevel, B., Miesner, Ch., Voelzke, N. (2018): Das leitfadengestützte Experteninterview, in: Barthel, Christian, Lorei, Clemens (Hrsg.): Empirische Forschungsmethoden, Frankfurt

Gabler Wirtschaftslexikon: Cybercrime. https://wirtchaftslexikon.gabler.de/defini-tion/cybercrime-53423 (abgerufen am: 18.01.2022)

Gaffney, H., Ttofi, M. M., & Farrington, D. P. (2021): What works in antibullying programs? Analysis of effective intervention components. Journal of School Psychology, 85, 37-56. https://doi.org/10.1016/j.jsp.2020.12.002

Gewalt-gegen-Kinder: Folgen von Cybermobbing. Https://www.gewalt-gegen-kinder.de/index.php/leitfaden/ cybermobbing/folgen-von-cybermobbing?start=1 (abgerufen am: 18.01.2022)

Gewalt-gegen-Kinder: Folgen von Cybermobbing. Https://www.gewalt-gegen-kinder.de/index.php/leitfaden/ cybermobbing/was-kann-man-tun?start=3 (abgerufen am:18.01.2022)

Haas, U. I. (Hrsg.) (2008): Tertiäre Kriminalprävention durch Sport? Die Polizei als Akteur kommunaler Kriminalprävention, Verlag für Polizeiwissenschaften, Frankfurt/Main

Heirman, W., & Walrave, M. (2012): "Predicting adolescent perpetration in cyberbullying: An application of the theory of planned behavior". 8

Heirman, W., Walrave, M. (2012): "Predicting adolescent perpetration in cyberbullying: An application of the theory of planned behavior", 8

Herrera-López, M., Casas, J. A., Romera, E. M., Ortega-Ruiz, R., Del Rey, R. (2017): "Validation of the European Cyberbullying Intervention Project Questionnaire for Colombian Adolescents". Cyberpsychology, Behavior, and Social Networking 20, Nr. 2 117-25. https://doi.org/10.1089/cyber.2016.0414.

Huber, E. (2012): Cyberstalking und Cybercrime. Wiesbaden, Springer Fachmedien

Katzer, C. (2011): Das Internet als Tatort: Cyberbullying und sexuelle Gewalt - Wer sind die Täter, wer wird zu Opfern?, Hannover. Landesstelle Jugendschutz Niedersachsen

Keller, C. et al. (2020): Cybercrime. Enthalten in: Clages, H. et al.: Lehr- und Studienbriefe Kriminalistik/Kriminologie. Band 26. Hilden. Verlag Deutsche Polizeiliteratur

Kerner, H.-J. (2018): Entwicklung der Kriminalprävention in Deutschland, in: Walsh, Pniewski, Kober, Armborst (Hrsg.):

Evidenzorientierte Kriminalprävention in Deutschland. Ein Leitfaden für Politik und Praxis. Wiesbaden, S. 21-36

KFN (2019): Jugendliche in Niedersachsen. Ergebnisse des Niedersachsensurveys 2019. Forschungsbericht Nr. 154. https://kfn.de/wp-content/uploads/Forschungsbe-richte/FB 154.pdf (abgerufen am: 26.02.2022)

Klicksafe: https://www.klicksafe.de/themen/kommunizieren/cyber-grooming/ (abgerufen am: 14.01.2022)

Klotter, G., Mayer, A. (2018): Evidenzorientierte Qualitätssicherung in der Polizeiarbeit. Am Beispiel des Programms Polizeiliche Kriminalprävention der Länder und des Bundes, in: Kriminalistik 5/2018, S. 286-292

Knott, M. (2016): Tatort Sexting. Viktimisierungsrisiken für Jugendliche durch unbedachte Verbreitung von Bilddateien, Verlag für Polizeiwissenschaften, Frankfurt

KriPoZ: Modernisierung Schriftenbegriff. https://kripoz.de/Kategorie/gesetzent-wuerfe/modernisierung-schriftenbegriff-gesetzentwuerfe/ (abgerufen am: 16.01.2022)

Kube, E., Koch, K.-F. (1996): Kriminalprävention, Lehr- und Studienbriefe Kriminologie, Bd. 3, 2. Auflage. Hilden/Rhld., S. 5-15.

Landespräventionsrat Niedersachsen (2023): Grüne Liste Prävention, https://www.gruene-liste-praevention.de/nano.cms/ datenbank/ leitlinien

Law4school (2021): Cybermobbing & Co. — Webinare bundesweit. https://www.law4school.de/law4school-2/.

Law4school (2021): Wir lassen Sie im Kampf gegen Cybermobbing nicht alleine! https://www.law4school.de/

Leiner, D. J. (2023). SoSci Survey (Version 3.5.00) [Computer Software]. Verfügbar unter https://www.soscisurvey.de

Lounsbury, K., Mitchell, K. J., Finkelhor, D. (2011): The True Prevalence of 'Sexting'. Sexting Fact Sheet. University of New Hampshire, https://www.unh.edu/ccrc/pdf/ Sexting%20Fact%Sheet%204_29_11.pdf (abgerufen am: 13.12.2023)

Medienpädagogischer Forschungsverbund Südwest: JIM- Studie 2023. https://www.mpfs.de/fileadmin/files/Studien/JIM/2021/JIM-Studie_2023_barriere-frei.pdf. (abgerufen am: 15.12.2023)

Medienpädagogischer Forschungsverbund Südwest: KIM-Studie 2020, https://www.mpfs.de/fileadmin/files/Studien/KIM/2020/KIM-Studie2020_WEB_fi-nal.pdf. (abgerufen am: 22.01.2022)

Meier, B.-D. (2021): Kriminologie, 6. Auflage. München

Ng, E. D., Chua, J. Y. X., & Shorey, S. (2022). The Effectiveness of Educational Interventions on Traditional Bullying and Cyberbullying Among Adolescents: A Systematic Review and Meta-Analysis. Trauma, Violence, & Abuse, 23(1), Article 1. https://doi.org/10.1177/1524838020933867

Nickerson, A. B., Jenkins, L. N., Bellavia, G. M., Manges, M. E., Livingston, J. A., Feeley, T. H. (2022): "The Role of Personal and Perceived Peer Norms in Bullying and Sexual Harassment Perpetration." School Psychology 37, Nr. 3 236–47. https://doi.org/10.1037/spq0000498.

Pabian, S., & Vandebosch, H. (2014): Using the theory of planned behaviour to understand cyberbullying: The importance of beliefs for developing interventions. European Journal of Developmental Psychology, 11(4), Article 4. https://doi.org/10.1080/17405629.2013.858626

Pabian, S., & Vandebosch, H. (2021): "Perceived Long-Term Outcomes of Early Traditional and Cyberbullying Victimization among Emerging Adults". Journal of Youth Studies 24, Nr. 1 (2. Januar 2021): 91-109. https://doi.org/10.1080/13676261.2019.1695764.

Peter, I.-K. (2018): Cybermobbing im Kindes- und Jugendalter. 1. Auflage. Göttingen. Hogrefe Verlag

Programm polizeiliche Kriminalprävention der Länder und des Bundes (Hrsg.): Qualitätssicherung Polizeilicher Präventionsprojekte. Eine Arbeitshilfe für die Evaluation, Stuttgart; abrufbar: www.propk.de

Raab-Steiner, Elisabeth, Benesch, Michael (2015): Der Fragebogen - Von der Forschungsidee zur SPSS-Auswertung, 4. Auflage. Wien

Rettenberger, M. et al. (2020): Cyberkriminalität im Kontext von Partnerschaft, Sexualität und Peerbeziehungen: Zur Cyberkriminologie des digitalen Nahraums. Enthalten in: Forensische Psychiatrie, Psychologie, Kriminologie, Jg. 14, Heft 3

Rüdiger, T.-G. (2015): Der böse Onkel im digitalen Kinderzimmer. - Wie Sexualtäter Onlinegames nutzen, in: Hillebrandt (2015): Gewalt im Netz. Berlin: BAJ Bundesarbeitsgemeinschaft Kinder- und Jugendschutz

Rüdiger, T.-G. (2020): Die onlinebasierte Anbahnung des sexuellen Missbrauchs eines Kindes. Eine kriminologische und juristische Auseinandersetzung mit dem Phänomen Cybergrooming. Frankfurt: Verlag für Polizeiwissenschaften

Scheithauer, H. et al. (2008): Bullying. Enthalten in: Scheithauer et al.: Problemverhalten und Gewalt im Jugendalter. Erscheinungsformen, Entstehungsbedingungen, Prävention und Intervention. Stuttgart. Kohlhammer

Schultze-Krumbholz, A. et al. (2021): Medienhelden. 3. Auflage. München. Ernst-Reinhardt Verlag

Schwind, H. D., Schwind, V. (2021): Kriminologie und Kriminalpolitik, Heidelberg: C. F. Müller, 24. Auflage

Sharkey, J. D., Ruderman, M. A., Mayworm, A. M., Green, J. G., Furlong, M. J., Rivera, N., Purisch, L. (2015): "Psychosocial Functioning of Bullied Youth Who Adopt versus Deny the Bully-Victim Label." School Psychology Quarterly 30, Nr. 1 91–104. https://doi.org/10.1037/spq0000077.

Spektrum.de: Lexikon der Psychologie. Bullying. https://www.spektrum.de/lexi-kon/psychologie/bullying/2676 (abgerufen am: 18.01.2022)

Stiftung DFK (2018). Entwicklungsförderung und Gewaltprävention für junge Menschen. Impulse für die Auswahl & Durchführung wirksamer Programme. Ein Leitfaden für die Praxis. Bonn

Topp, C., Søren, W., Østergaard, D., Søndergaard, S., Bech, P. (2015): "The WHO-5 Well-Being Index: A Systematic Review of the Literature". Psychotherapy and Psychosomatics 84, Nr. 3 167-76. https://doi.org/10.1159/000376585.

Vogelsang, V. (2017): Sexuelle Viktimisierung, Pornografie und Sexting im Jugendalter. Ausdifferenzierung einer sexualbezogenen Medienkompetenz, Springer Verlag, Wiesbaden

Walsh, Pniewski, Kober, Armborst (2018) (Hrsg.): Evidenzorientierte Kriminalprävention in Deutschland. Ein Leitfaden für Politik und Praxis. Wiesbaden

Weissberg, R.P., Kumpfer, K.L., Seligman, M.E.P. (2003): Prevention That Works for Children and Youth. An Introduction, American Psychologist, 58 (6/7), S. 425-432

Willisch, Anna, Anett Wolgast, und Matthias Donat. Skalendokumentation „Cyber-Bullying unter Studierenden“, 22. November 2021. https://doi.org/10.25673/39605.2.

Witte, Kim. “Predicting Risk Behaviors: Development and Validation of a Diagnostic Scale“. Journal of Health Communication 1, Nr. 4 (Oktober 1996): 317-42. https://doi.org/10.1080/108107396127988.

Witte, Kim. “Predicting Risk Behaviors: Development and Validation of a Diagnostic Scale“. Journal of Health Communication 1, Nr. 4 (Oktober 1996): 317-42. https://doi.org/10.1080/108107396127988.

Zych, I., Baldry, A. C., Farrington, D. P. (2017): “School Bullying and Cyberbullying: Prevalence, Characteristics, Outcomes, and Prevention“. In Handbook of Behavioral Criminology, herausgegeben von Van Hasselt, Vincent B. und Bourke, Michael L., 113-38. Cham: Springer International Publishing. https://doi.org/10.1007/978-3-319-61625-4_8